El nómada estático

Por Daniel Aparici

PRÓLOGO

Experimental no significa aburrido o pedante... se trata de una novela en la que rompiendo algunas reglas de puntuación, estructurales, etc., plasmo una historia de amor juvenil de ahora y de siempre, de ruptura con la familia y de búsqueda de la propia personalidad, eso que se hacer durante toda la vida. Es una novela cíclica, donde el principio se convierte en parte del final. Para terminar o empezar, sólo decir que esta novela existe gracias a mi madre Margarita, Peter, Sonia y a Carina, gracias a ellos y a quienes me quieren...

Colores con destino

"Los botes de pintura son recipientes incandescentes esperando colorear la vida", cavilaba con romanticismo. Durante los dos primeros meses en la empresa de pinturas de mi padre, siempre veía el lado positivo a resignar mi futuro a un legado económico que nunca deseé heredar. Al principio me costó manejar los programas de datos: almacenar los pedidos y repasar las cuentas puede llegar a ser un acto mecánico. Supongo que después de cinco años era todo un experto en su empresa. Pero ya no creía que los botes de pintura fuesen tan incandescentes, ni parte del color con el que la gente de mi ciudad expresaba sus sentimientos. A veces imagino un mundo en blanco y negro en el que nadie, incluido mi padre, tuviese una empresa de pinturas.

Mi familia le debe todo a la empresa. Mi padre no estudió, pero trabajó muy duro. Le encanta decir que empezó desde abajo. Es un buen hombre, con el gran defecto de muchos padres, quiere que yo sea igual que él. Un día me explicó que debería sudar el negocio, tendría que sentirlo bajo la piel, pero lo que se le olvidó decirme antes es si yo quería formar parte de todo aquello.

Estudié gracias a mi madre y al miedo que me daba ser un destino anunciado. De cómo terminé trabajando allí y qué pasa por mi cabeza cada mañana al levantarme para ir a su empresa, es algo de lo que prefiero no hablar. La gente pensaría que soy un desagradecido, además de no saber apreciar la suerte que tengo con los tiempos laborales que corren.

Es curioso, el miedo me trajo hasta el lugar que más temía. Dicen que la mejor terapia para superar una fobia es enfrentarte a ella, hasta que conocí a una chica que tenía miedo a las arañas y se tatuó una en el hombro. La pobre no lo superó nunca, además de llevarse unos sustos mortales cada vez que se la veía en un espejo. Lo mismo que yo con la empresa. Luché durante años por alejarme y aquí estoy. La llevo por dentro, por fuera, en el ojal de mis pensamientos y en el eco de mi fortuna.

Una estrella

Soy joven, eso dicen cuando les expongo mi situación. "¿Sólo 29 años?", arguyen sin más. Mi vida es un universo paralelo al que difícilmente nadie se puede acercar. Por las noches miro el cielo esperando vislumbrar la estela de una estrella fugaz y pedirle que se cumplan mis sueños.

Desde que trabajo en la empresa de mi padre tengo la tranquilidad que aporta el dinero, pero tras varias horas frente al ordenador haciendo pedidos de pinturas me doy cuenta de que el tiempo que pasé estudiando la carrera de Económicas y las prácticas que hice en varias empresas fueron inútiles. Nadie me dio ninguna opción, sólo esperanzas. Al final, no tuve más remedio que aceptar que tendría que trabajar con mi padre para tener un sueldo justo y que no me explotasen. Hasta aquí, y visto desde fuera, parecería que todo me va bien. Pero qué es el hombre sin ilusiones, porque no las tengo. Por lo menos en la justicia del trabajo y el esfuerzo. Esta sociedad me ha hecho así. Todos los días, sin que nadie lo sepa, envío decenas de currículos a empresas en España y el extranjero. Cuando acepté trabajar con las pinturas, también que mi padre siguiese manejando mi vida.

Mis padres, mis abuelos y mis tíos viven en un edificio de tres plantas. Yo me mudé a una especie de caseta que hay en la azotea en la que tengo un pequeño cuarto de baño y una habitación. El mobiliario de mi pequeño hogar se reduce a una cama, un sofá, un mueble con un ordenador, una televisión prehistórica y un equipo de música.

Acaba de pasar una estrella fugaz, hoy pediré que el tiempo se detenga y disponga de un minuto de silencio en mi interior. Ayer dejé que María mirase aquellos pisos verdes que hay a las afueras de la ciudad. Fue con mi suegra, dentro de poco seguro que me habla de fijar la fecha de la boda. Siento que no soy dueño de un destino al que pensé que le ganaría el pulso de lo imposible. Creí, alguna vez, cuando todavía tenía alma de humano, porque ahora la tengo de sombra, que terminaría en la bolsa de Nueva York jugando con cientos de millones embutido en un traje de *Armani* a medida. Pero mis licencias se reducen a comer con mi novia los domingos en sitios que ella cree bonitos. Nos preparamos, sin demasiadas galas, esperando ser atendidos como auténticos señores. El que paga siempre tiene privilegios. Ella me cuenta lo bien que le va en su trabajo doctoral y sonrío pensando que tal vez llegué a dar clases en su Facultad de Derecho después de acostarse con más de un profesor, aunque no se lo digo porque prefiero pensar en lo positivo. Ya me ha contado varias veces que alguno se le ha insinuado, yo le respondo que se debe a su atractivo y que no le dé importancia.

Hace más de un mes que Susana trabaja en la empresa

despachando los pedidos a los clientes. De vez en cuando salgo de mi despacho y cruzo un par de palabras con ella. Nadie sospecha que a la semana de empezar a currar empezamos a vernos un par de horas después del trabajo. Vamos a un descampado que hay cerca de la empresa y nos quedamos en el coche hasta que se empañan los cristales. Ella también tiene pareja, pero dice que su novio no es tan salvaje como yo en la cama. Que hace tiempo que la tiene desatendida en ese plano. Sigue con él por lo bueno que es y porque trabaja mucho para que puedan comprarse un piso. Me gusta cuando intenta explicarme por qué nos acostamos. Simplemente un día la llevé a su casa y me besó. La verdad es que no paré de mirarla desde el primer día que apareció por allí, era evidente que nos gustamos desde el principio. Aunque lo que me atrae de ella es que está desinhibida sexualmente. Me hace y me dice cosas con las que jamás soñé. Aunque mi teoría de que las mujeres que disfrutan tanto del sexo como los hombres son más peligrosas, me hizo salir con mi actual novia María. Supongo que tengo miedo a que me engañen. Ahora que dicen que las mujeres tienen que disfrutar del sexo como nosotros, ahora que son ellas las que toman la iniciativa, hay una involución en mí y cada vez soy más machista. A veces pienso que mucho antes de las sociedades actuales, cuando el hombre sólo se guiaba por sus instintos, la mujer también era más sexual. Luego llegó la sociedad, hasta ahora. En más de una ocasión escucho a un amigo decir que si tal es una guarra, que si la otra le dijo que sí la primera noche. Es curioso, pero incluso conozco a más de uno que ya no quiere acostarse con una chica la primera noche porque piensa que no la respetará y no podría echársela de novia en el caso de gustarle de verdad. Creo que a mi me pasa lo mismo. Aunque conciba que es bueno que la mujer disfrute de su sexualidad.

Tener a media familia viviendo en el bloque es divertido. En realidad no pasamos tanto tiempo juntos, pero de vez en cuando nos reunimos en alguno de los pisos y discutimos sobre algo o se habla de algún famosote de turno mientras nos atiborramos de comida. Lo malo es que de un tiempo hacia acá no tengo ganas ni de verlos un rato. Los quiero muchísimo, por eso me duele. Ya no me dejan crecer como persona, me estoy ahogando en sus sueños y sus vidas. Mis tíos no pudieron tener hijos y adoptaron a un niño ecuatoriano, mis abuelos tienen sus achaques y mis padres sólo piensan en cambiar la solería de la casa o la cocina. Cada día se les ocurre algo nuevo. Todavía recuerdo cuando hice tapizar el sofá de mi caseta con una tela de tigre, mi padre estuvo dos meses diciéndome que mi cuarto parecía un prostíbulo.

Bajo, subo. Todo sigue igual, tal vez dentro de cinco años tenga dinero para comprarme el piso. Excepto si los padres de María nos hacen un préstamo. Están locos por que nos casemos y tengamos críos, y yo todavía pensando en Nueva York. Seguro que la gran manzana es alucinante. Todos estresados, cada minuto un rico o un pobre.

Ayer hice las maletas, me vestí con ropa cómoda para viajar. Salí de mi cuarto hacia la puerta que da a la escalera y recordé que si cogía dinero de la cuenta conjunta con María le daría algo. Después de todo ella cobra más que yo con la beca de la universidad. Me senté y volví a mirar al cielo, ¿a dónde iría realmente? Tenía que comprar un billete que seguro que era carísimo, incluso si el avión tardaba mucho en salir me encontrarían. Y cuando llegase a cualquier parte, dónde buscaría trabajo y un piso. Manchester parecía buena idea, un tiempo mejorando mi inglés me vendría bien. Lo más cómodo y fácil sería encontrar un trabajo en el que al principio no me exigiesen mucho nivel de inglés. Lo que hacía todo el mundo era trabajar en un hotel haciendo camas y de ahí al infinito.

Mientras pensaba en todos los pormenores de mi huída, me

percaté de que no tenía tanto valor como para abandonarlo todo

sin un seguro. Me había acomodado a una vida sin demasiadas

preocupaciones.

Manchester

¿Qué hago haciendo camas? Tengo más estudios que muchos de los que me mandan limpiar los inodoros de este puerco hotel de Manchester. Con el dinero que tengo iré a Londres a ver si tengo un golpe de suerte e invierto en algunas acciones de alto riesgo, de las que dan beneficios muy rápido. Unos segundos apostando fuerte en el parqué y podré pagarme un billete en primera a Estados Unidos. Cuando llegué mi inglés era pésimo, bueno, me defendía. Ahora casi lo hablo perfectamente, la necesidad agudiza el ingenio. Los camareros ganan más dinero por las propinas, quizás pida que me cambien de puesto. Incluso mi jefe dice que cada vez hablo mejor en inglés. Esperaré un mes más para tener más dinero y luego me la jugaré. Leo todos los días los periódicos. Tengo fichada una empresa en la que nadie se ha fijado y que parece que está subiendo como la espuma.

Hay muchos españoles trabajando en el hotel. Procuro no relacionarme con ellos para no hablar en español todo el día. Cuando la gente se va al extranjero comete esa equivocación y al final no aprende bien el idioma. Eric es el segundo en la cocina. Nació aquí y lleva 15 años en el hotel. Ya es hora de que lo asciendan. Es un buen tipo, trabaja un montón de horas sin protestar y luego se permite la licencia de tomarse unas pintas en el bar de la esquina. Conoce a todo el mundo, y ahora también a mí. Era el menor de siete hermanos, sus padres tuvieron tantos hijos porque son muy católicos. Desde muy pequeño tuvo que buscarse las habichuelas. Según cuenta, si se despistaba no le dejaban ni comida en la mesa. De familia muy humilde, tuvo que aprender un oficio y empezar a trabajar a los dieciséis años. Creo que dejó el instituto antes de terminarlo, lo que tampoco le importa, es muy feliz. Una de las personas más felices que conozco, nunca quiso salir de su ciudad, ni le importa lo que exista en el resto del mundo. Siempre quiso vivir es su cuidad y tener una familia a la que enseñarle las tradiciones de su región. Lo que no implica que tenga una mente cerrada. Es lo que más me sorprende de él, aunque sólo conozca su ciudad, es capaz de entender otras formas de vida y pensamiento sin escandalizarse. Pero lo más curioso es que aún sabiendo que existen más mundos y ciudades que la suya, no los cambiaría por ninguno. Incluso estando al corriente de que hay quien vive de otras formas.

Ya es hora de acostarme. El otro día casi me voy a Manchester. Menos mal que el viaje imaginario a Inglaterra me ha aliviado un poco, aunque no sé por cuanto tiempo. Hago estos viajes imaginarios desde niño y ahora los necesito más que nunca. Me ayuda a abrir mi mente. Me siento en mi sofá de tigre mientras miro un mapa del mundo pegado en la pared, al tiempo que imagino viajes por todo el mundo y cómo serían.

Convivo con otros pueblos, experimento sus formas de vida y las incorporo a las mías para enriquecerme como persona. Dicen que quien no viaja es porque no quiere. Además, ya he visto medio planeta sin gastarme un duro.

República Dominicana

"El viaje de bodas será a Santo Domingo, me han dicho que te compras una pulsera con la que comes y bebes a todas horas. Te imaginas todo el día en el hotel sin hacer nada. Y así durante diez días", me explicaba María cuando pasamos por delante de una agencia de viajes. Yo sólo fingía hacerle caso. Junto al viaje que ella contemplaba había un llamativo cartel con ofertas a sitios como: Mozambique, Canadá o Noruega. Sitios evocadores con leyendas históricas en los que seguro la vida era muy distinta.

El siete de marzo, ésa era la fecha escogida por ambos para el enlace. Nos costó decidirnos bastante, pero el calendario de bodas de la pequeña iglesia elegida era muy apretado. Sus padres iban a pagarnos la entrada del piso como regalo de bodas, los míos nos ayudarían con las primeras letras y los gastos del convite. Hice cálculos y descubrí que, más o

18

menos, el 60 por ciento de lo que ganase durante toda mi vida laboral lo destinaría a la casa. Los 270.000 euros que costaba no eran moco de pavo. A lo que había que añadir los muebles. Una locura para la que me empeñaría de por vida. Ahora entendía porqué la gente casi no podía divorciarse. Algunos amigos con mala suerte habían roto su relación, pero tenían que seguir viviendo juntos debido a las letras de la casa, si vendían su piso de repente no tendrían dinero para comprarse una casa por separado. Por no hablar de los que ya tenían hijos, lo que siempre terminaba en los juzgados. Eso fue lo que le pasó a Pedro, un amigo de la infancia. Su matrimonio se deshizo sin saber el porqué. Sólo le quedaron problemas: dos niños y la custodia, quien se quedase con ellos también tendría el piso, siempre que pagase al otro la mitad del valor del mismo. Pero ninguno le podía pagar la mitad al otro, con el problema añadido de que no tendría suficiente dinero como para comprarse otra casa por separado. Al final, la madre se quedó con los críos, Pedro no podía dejarlos sin techo y renunció a su mitad. Pero además de quedarse sin casa y sin hijos tenía que pagarles la manutención. La última vez que lo vi tenía dos trabajos y vivía en un cuchitril con dos tíos más. ¡Qué miedo que te pase algo así! Supongo que nadie comienza una vida en común pensando en que te puedan ocurrir esas penurias, aunque siempre existe la posibilidad, nunca se sabe…

Dos días después volví a pasar frente a la agencia de viajes y me metí sólo para fantasear sobre una posible huida. Había una oferta a Panamá, le pregunté a la chica cómo estaba la economía del país y no supo responderme. Tampoco si los conflictos armados internos ya se habían zanjado. Es un lugar especial, me explicó, su economía está poco desarrollada pero sus paisajes son espectaculares. Así que lo descarté porque no querría tumbarme en una playa a tomar el sol y ser un turista más, yo pretendía emigrar a alguna parte en la que pudiese hacer dinero. Es para lo que quería irme, ser un economista famoso, no el eterno camarero, un tiempo puede que sí, pero no para toda la vida. Eso ya lo tenía aquí, era un asalariado al que tal vez un día le llegase una buena herencia. Y me negaba a esperar toda mi vida un regalo que los padres dejan, como un legado a la prosperidad, encomendado a mejorar la vida de su prole. Todo un elogio a todo lo que consiguieron en su vida, pero en el que nunca se me ocurría pensar como solución a mis problemas de llegar muy alto. Después de un rato en la agencia resolví que tenía que meditar más tiempo sobre el lugar al que quería ir. Era de vital importancia que fuese un sitio próspero en el que me diesen una oportunidad de verdad.

Al salir de *Viajes baratos* recordé mi ya habitual cita de los miércoles por la noche con Susana. Nos habíamos buscado un hostal a las afueras de la ciudad, poco frecuentado. Quería experimentar nuevas sensaciones y me esperaría totalmente desnuda fingiendo estar dormida. Sin más, la despertaría y me la follaría. Todo ello sin que ella moviese un músculo. Algo absurdo, es lo que me pasaba muchas veces con María cuando se dormía en seguida y yo tenía ganas de sexo. Pero con Susana sería diferente. Ella sabía actuar y tal vez fuese divertido. La última vez me hizo ponerme un mono de mecánico y fingir que iba a arreglar el lavabo. Esos juegos me parecían extraños, lo hacía por complacerla y porque en realidad me ría mucho con esas tonterías. Se le ocurrían auténticas barbaridades, quizás era su naturalidad y las ganas de no pensar en nada por lo que nos seguíamos viendo. Además, prácticamente era lo único que no hacía bajo el dictamen de otros.

Nadie se merece que le hagan lo que no te gustaría que te hiciesen a ti. María es una buena chica, tal vez con demasiado carácter. Le gusta creer que la necesito para dar sentido a mi vida. Hace poco descubrí que muchas mujeres precisan sentirse útiles e imprescindibles para ser felices, si les produces esa sensación se sienten únicas. Ya sean las madres, las hermanas, las amigas o las novias. Ese es el secreto. Susana cree que la necesito para realizar las fantasías sexuales que no hago realidad con mi novia y la dejo fantasear con que es cierto. Lo que ignora es que sólo es una forma de concebir un mundo paralelo por unas horas. Aunque en realidad rechace tener dos mundos, querría que en la misma realidad se diese todo lo que anhelo. Además, luego me siento mal. Pero en este punto ya no puedo dar marcha atrás. Cuando cometes una fechoría por primera vez, lo más probable es que la vuelvas a perpetrarla porque has transgredido la barrera entre la imaginación y la realidad. Al hacerlo demuestras que realmente necesitabas esa demostración palpable. Si hiciese todo lo supuestamente incorrecto podría desencadenar en mí una serie de conductas reprimidas por la sociedad y por mí, que prefiero contener por si acaso.

-María. ¿Por qué te gusta que te dé mordiscos?

-Porque significa que me quieres. Lo vi en un reportaje sobre los hábitos de las parejas y a qué se debían sus conductas. Y como sé que estás falto de cariño no me molesta que me lo des todo a mí. Siempre y cuando no te pases, por supuesto.

Sabía que aquella tarde no iríamos a ninguna parte porque llovía y nos habíamos atrincherado en mi caseta. Una tarde en la que no tendría que dar muchas explicaciones. Le había dicho que estaba triste y que no sabía la causa.

-Si no fuese por mí qué harías. Menos mal que te cuido como si fuese tu madre.

Al instante sacó el tema de tener hijos. Yo siempre eludía la conversación. Pero como de costumbre ella obviaba cualquiera de mis comentarios poco oportunos.

-¿Cómo los llamaremos? Ya verás que al final también tengo que cuidarlos yo, tú eres un desastre. Si no eres capaz de ocuparte de ti.

-María. Voy a dejarte y empezar una nueva vida. Vendamos el piso.

-Eres un pesado, deja ya esas bromas.

El mapa del mundo de mi pared empezó a latir. Tomó vida y mientras ella hablaba de nuestra gran familia viajé hasta Honduras. Allí conocía a una nativa que me enseñaba a pescar con redes tejidas con hilos sacados de árboles. Tumbado junto a ella en una larga playa blanca creí ver una delfín saltando fuera del agua. Un día me llevó hasta una antigua gruta en la que siempre brillaba el sol. Entramos hasta lo más profundo con una pequeña antorcha. A medida que descendíamos las paredes se humedecían y brotaba más y más agua de las paredes. Cuando estaba apunto de decirle que volviésemos a la tranquila playa vi el sol al que se refería. Una pequeña franja de sol que venía desde la superficie distribuía sus infinitos rayos por miles de diamantes adosados a las paredes. Había encontrado, en el lugar más tranquilo de la tierra, un paraíso terrenal.

-Qué te pasa.

-Despierta. Una cosa es que estés deprimido y otra que no me hagas ni caso mientras te hablo. ¿Cuál sería el nombré de nuestro perro? ¿Y cuánto dinero tendríamos que ahorrar todos los meses para pagar la letra del piso? No tienes vergüenza, te aprovechas de tu sufrimiento. Pero ahora vas a tener que mimarme tú a mí. Ya no te hablo.

-Se llamaba diamante.

-¿Qué?

-El perro se llamaba diamante, ¿no?

A mis 40 años

Tengo 40 años y ya he viajado por medio mundo. Hice riquezas por donde fui. Hoy en día soy un economista de prestigio que sólo se dedica a grandes encargos. Se podría decir que soy un triunfador. Mis tres hijos son mi viva imagen y mi mujer es la reina de mi mundo. Hoy salí a navegar, cuando miraba el horizonte de luces de la ciudad que despertaba a la noche con su incandescencia lloré de felicidad.

-¿Qué te parece Tobías? Será el principio de mi biografía. La titularé: *Navegar con rentabilidad*, o tal vez, *Desde el parqué al cielo*. Lo importante es que daré ejemplo al mundo, un chaval que empezó desde abajo y se hizo con una fortuna tras romper con las estadísticas de las bolsas más importantes del planeta.

-Será mejor que estudies, después del examen de mañana me

cuentas lo que quieras.

-Tengo tantas ganas de acabar la carrera y enseñar de lo que soy capaz, para lo que estoy predestinado. Es nuestro último año de carrera, no me lo creo.

-¿Y con María que pasa? ¿La madre de los tres hijos de los que hablarás en tu libro es ella?

-Pues claro, el otro día me dijo que también tiene ganas de viajar y descubrir lo que hay por ahí afuera, mejorar su inglés y que vivamos una aventura en la que no sepamos que pasará mañana. Estamos hechos el uno para el otro, espero que nunca cambien las cosas entre nosotros.

-Eso si no te lías con la camarera del *Babana*.

-Ni de coña. Sería incapaz de hacerlo eso. No me lo perdonaría. Pero no lo hago por eso, simplemente es porque la quiero. Es lo que hace tan especial lo que tenemos. Tal vez la tía esa sea una loca en la cama según cuentan, pero no es lo que busco. Si hay algo que me gusta del sexo es hacerlo con alguien por quien siento algo. Quién sabe, todo es probar, aunque mejor no lo hago por si me gusta y luego no puedo parar.

-Que sepas que no eres el primero al que le escucho decir lo mismo y luego...

Recuerdo perfectamente esa conversación con Tobías. No sé porqué exactamente. Lo que puedo asegurar es que tenía razón, no soy el primero que dijo que jamás le pondría los cuernos a su novia y después... Pero sobre todo la recuerdo por lo de la biografía que escribiría sobre mi vida. Quizás era uno las asignaturas más difíciles y si la aprobaba estaría a punto de empezar mi sueño. Tal vez sea el hecho de que nunca le había dicho a nadie que quería ser famoso, tener mucho dinero, etc., y lo ocultaba bajo el hecho de tener mi licenciatura. Tampoco es malo querer prosperar. Mi madre me subrayó que apuntase alto, que la vida se encargaría de decidir si llegaría o no, que si desde un principio me conformaba con lo que fuese lo haría durante toda mi vida.

Ana

Hasta nunca. Se lo dije sin rencor, sin ninguna maldad. Mi vida estaba descontrolada y no sabía hacia donde mirar ni qué hacer. Una de esas tardes en las que Susana rondaba por allí atendiendo a los clientes, me di cuenta de que nunca podría enamorarme de ella. Le busqué un trabajo en la empresa de un conocido con mejores condiciones, así no me sentiría tan mal. Lo que vino provocado por mis clases de mercadotecnia con la hija del dueño de la empresa que estaba al lado de la de mi padre. Llevaba cerca de dos meses quedando con ella para que me enseñase algo que se conoce como "economía pirata". Al principio sólo quedaba con ella con esa intención, hasta mi novia estaba al corriente. Sabía que Ana tenía un novio del que estaba locamente enamorada y yo estaba a punto de comprarme un piso con María.

Ana era encantadora, una rubia de ojos azules nada

explosiva. Su naturalidad y humildad era lo que la hacían tan atractiva. Todos pensaban que ni siquiera ella sabía lo que llegaba a gustar a la gente, tenía una luz especial. Lo que unido a que era del todo impensable que pasase nada entre nosotros me hizo confiarme. Cada vez quedábamos con más frecuencia, y como estaba tan relajado con ella, sin pensar en hacer ninguna tontería, me mostré como era, cosa que hacía poco. Así me fue conquistando una relación tan sana que parecía que nos conociésemos hacía años. Incluso llegué a decirle que si no fuese porque tenía novio y yo también, le hubiese propuesto otro tipo de clases. Ella siempre se reía y se lo tomaba bien.

Mi padre era muy amigo del de Ana. Sin embargo nunca nos habían presentado, ni siquiera me había fijado en ella porque pensé que era una clienta, amén de que estaba bien con María. De repente, sin venir a cuento, mi padre me contó que el dueño de la empresa de tornillos tenía más ganancias gracias al ingenio de su hija. Unos recortes en ciertos beneficios indemostrables y algunos vericuetos legales eran suficientes para ahorrarse un buen dinero. Yo sabía de números. Pero no de cómo no hacerlos. Sin más, un día le dije que debería aprender y fue a él al que se le ocurrió la idea de quedar con Ana para que me enseñase. A mi me pareció conveniente. Total, hoy en día había que estar espabilado y esas cosas no te las enseñan en las academias o la universidad.

Un día, otro, un mensaje, una llamada para quedar. Lo que empezó como un curso acelerado terminó siendo una especie de amistad en la que yo hablaba mucho de mí y ella nada de si misma. Lo cierto es que me confundía, fue con el tiempo cuando descubrí que si estás cómodo con alguien te abres del todo y te pueden llevar a conocer realmente. A lo que había que sumarle que me iba a comprar el piso con María, aunque en mi subconsciente sabía que el amor se había acabado entre nosotros.

Quería sentirme de otro modo, estuve dos meses pensando en preguntas a las que sólo Ana podía responderme, que si la ley o el papel aquel, etc. Sabía que me estaba enamorando. Y si seguía quedando con ella sería mi perdición. Además, le pregunté por su novio y estaba muy enamorada de él. Es la relación más larga que había tenido hasta el momento. Sólo tenía 24 años, quién era yo para entrometerme de esa manera en su vida. Merecía que la tratasen como a una princesa y no podría ofrecerle más que complicaciones. Su novio era un chico muy guapo que estudia ingeniería de no sé que. Un buen partido, supongo. Y aunque yo también me creía bueno para ella, admitía que la situación en la que estaba con su novio le convenía más. Era un punto de vista un poco materialista, pero hacía tiempo que veía las cosas de otra forma. El dinero no da la felicidad, aunque ayuda bastante. Y no se trataba sólo de dinero, estaba hecho un lío y es difícil ofrecerte a nadie cuando no sabes ni quién eres.

Dicho y ello, no quedé más con ella. Era por su bien, sé que si seguía así me terminaría enamorando: primero, de alguien que lo estaba de otra persona; y segundo, de alguien a quien no podía ofrecer más que mis buenas intenciones ya que se trataba de amor verdadero. Se lo diré a la cara: "No quiero volver a verte". Y si me pregunta el porqué le explicaré, sin más, que me gusta. Que el hecho de que ambos tengamos pareja agrava la situación y que si seguimos viéndonos cada vez me gustará más.

Me vomitó que no le importaba que me gustase, que me consideraba un amigo y sabía que la respetaría porque tenía pareja. Le había pasado con muchos de sus mejores amigos, pero al final lo que quedaba era una buena amistad. Le revelé que yo era distinto a los demás y que el que sufriría con aquello sería yo, sería de todo menos una amistad sincera por mi parte. De hecho, llegué a conocer a uno de sus supuestos amigos y me di cuenta de que él también buscaba algo más que una amistad, pero cuando me puso, precisamente, de ejemplo a ese chico no fui capaz de decirle nada. Lo que me sorprendió fue que rompiese a llorar. En mi interior me sentí incluso bien, no por hacerla llorar, sino porque sabía que realmente le gustaba nuestra amistad. Lo peor fue cuando me preguntó si cuando nos cruzásemos por la calle la saludaría. La había recogido con mi coche y estábamos en un café a unos 15 minutos de su casa. Mientras volvíamos hacia el coche y todo el camino de vuelta fue secándose las lágrimas. No podía ni mirarla. Querría haberla abrazado, sentir por última vez el calor de un cuerpo al que nunca llegaría, pero después de lo que le había dicho ni siquiera me atreví. Lo último que me susurró, como un lamento, al llegar a su casa fue: "Buena suerte".

Un habitáculo

La casa es oscura. No tiene nada que acompañe el lienzo en blanco de sus paredes. Es difícil decorar lo que será mi hogar, por ahora, el resto de mi vida. De todos modos, mi novia y su madre se encargarán de eso. Ya verán cuando meta mi sofá de tigre, les va ha dar algo. ¿Pero por qué me obsesiono con lo de la casa? Es la forma de volar un poco más lejos de esta rutina. Tal vez allí pueda imaginar mejor lo que haré con mi vida, mirando las estrellas cada noche, desde otro punto de la ciudad. La habitación de los futuros niños será una especie de despacho, allí pondré mi sofá y mi mundo. Colocaré una estantería para los libros que he coleccionado, son una parte importante de mí porque me hicieron imaginar situaciones en las que nunca pensé y me enseñaron perspectivas muy distintas a las mías. Aunque dejaré una pared exclusivamente para mi mapa del mundo con el que viajar cuando quiera.

Quitaré mi mapa del mundo, quemaré mi sofá, tiraré mis libros por la ventana mientras los veo desplegar sus hojas al viento como si fuesen pájaros surcando las corrientes de aire. El cielo oscuro dejará paso al hastío del día, cada vez el sol subirá más hasta el cenit del cielo, al final todo será un amanecer. Una historia del revés que se rebobina con desgana porque nunca tuvo que suceder. Si consiguiese verme despegando el mapa del mundo de mí cuarto podría sucederme todo eso. Cuando uno inicia algo siempre imagina las consecuencias. ¿Pero hasta que punto podemos visualizar el futuro? Estar complemente seguros que pasará lo que crees ineludible.

Siempre pensé que mi casa sería un poco ecléctica, con pocos muebles, sin apenas decoración. Tendría una enorme cama de matrimonio muy baja y una gran pantalla de televisión, hay quien piensa que una buena tele es sinónimo de prosperidad en el hogar. Quizás sea porque en definitiva siempre nos quedará su compañía, es una prostituta barata del tiempo muerto y las horas de agotamiento. Tengo un par de parejas de amigos que confiesan sin pudor que lo primero que compraron para la casa fue la tele porque hay veces que ni siquiera tienen ganas de hablar entre ellos. Al parecer es una práctica muy común, y en contra de lo que pueda parecer, muy beneficiosa para la salud de las parejas. Me da miedo pensar en María y yo en el sofá de nuestra nueva casa viendo la televisión para no hablar. ¿Le sucederá a todo el mundo? Si me ocurre eso me divorcio, cómo puede dejar de hablar la gente entre si. Será que me encanta conversar, es lo que me gusta de ella, hablamos mucho. Incluso cuando me resbalan sus palabras y me adormecen me aportan tranquilidad. Me enamoré de su cerebro, a pesar de que, por supuesto, físicamente me encante. Una cosa no quita la otra. Porque en si, ver la tele y no decir nada no supone un problema, excepto si se hace para esquivar a la otra persona sabiendo que no tenemos nada que decirle ni nos interesa lo que tiene que contarnos, o nosotros tampoco queremos comunicarle nada.

Se me caen las paredes encima y todavía vivimos separados. Además, se enfadó con lo de alquilarle una habitación a un estudiante. El detonante fue que tendría que ser una chica porque son más limpias. Me sugirió que los vecinos pensarían cualquier cosa, y detestaba la idea de ver rondando en su casa a una chica, lo que me gustó, sus celos me mostraron que no estaba segura de tenerme y recordaba cuidar nuestra relación. Aunque desde luego era poco perspicaz.

Memoria de pez

Sabía como era, la envié a la tienda de mi amigo porque no me gustaban muchas cosas de ella. Lo que ocurrió aquella noche no tiene sentido. Salí de la oficina como de costumbre y nada más arrancar el coche apareció frente a mí. Me había visto al pasar, ella también terminó tarde y me explicó que sólo quería saludarme. Paré el coche y se introdujo en el interior. Recuerdo que estaba muy cansado y que estuve pensando en Ana y María, en que nunca encontraría el amor... Así que por un momento creí que el destino me estaba retando, quizás incluso demostrándome que algunas veces no sabemos lo que tenemos hasta que lo perdemos. Susana me contó que había terminado con su novio. Que nunca le había pasado nada como lo nuestro y que se sentía muy mal, tanto que tuvo que romper su relación. Por un momento creí que me había confundido con ella, que la prejuzgué sin darle la oportunidad de demostrarme que realmente sentía algo por mí. Sus brazos me rodearon y sin darme cuenta la besé. Pero fue en el momento de llegar al final, mientras sus piernas rodeaban mi torso, cuando ella tuvo un orgasmo justo al mismo tiempo que yo. Es difícil de explicar, pero pensé que había fingido para hacerlo más especial. Además, justo al empezar, su teléfono empezó a sonar desconcentrándome por unos instantes y al terminar lo miró rápidamente. Ese día era su cumpleaños justo a las 11.00 de la noche. Al decirle que sería su madre o una amiga me respondió mientras lo miraba que no, que sería un enamorado. Le pregunté en tono de broma que quién, pero no quiso contestarme. Supuse que era su ex novio, lo que desencadenó en mi cabeza una serie de ideas negativas sobre ella.

La dejé junto a su coche, no quiso decirme quién la había llamada y se hizo un silencio entre ambos. Me había enfado su falta de sinceridad, total, ya casi me había dicho quién era, por qué seguir con la representación. Camino a casa me sentí muy mal. No por mi novia, sino porque sabía que esa chica no me convenía y había vuelto a caer en una absurda trampa sexual. Recordé lo fácil que era para ella mentir y manipular a los hombres. Su carita de niña buena y su simpatía eran abrumadoras. Siempre mantuve las distancias para no descuidarme y cegar mis sentidos. Y sin darme cuenta lo había conseguido una vez más. Había bajado la guardia.

Es triste tener que recordar quién te conviene y cuándo ser tú mismo. Odio ser quien no soy, porque lo hago a diario. Encima, había conseguido por unos instantes que me olvidase de que nunca pude confiar en ella. También recordé lo falto que estaba de cariño espontáneo y de aventuras. En lo fascinante de un amor que empieza y se descontrola y de las primeras impresiones. Siempre me guiaba con las mujeres por las primeras impresiones y me había ido bien. Al principio no sentía nada por ellas y era capaza de discernir entre sus actitudes e intenciones. Luego empezaba a conocerlas y a justificar sus actos. Tal vez hacía una criba demasiado grande y las prejuzgaba, pero era mi forma de saber con quien estaba.

Con María lo tuve claro desde el día que nos presentaron, antes que ella hubo otras y me pasó lo mismo. Recuerdo a una novia a la que nada más conocer creí que era un poco fresca, con el tiempo empecé a justificarla y decía que simplemente era muy cariñosa con mis amigos, sobre todo con los hombres. Más tarde, con el tiempo, acusé que se acostaba con todo el que podía. Curiosamente, no era una chica celosa. El caso es que ahora sabía perfectamente cuando se me acercaban con dudosas intenciones. Aunque me enamoré tanto de aquella chica que me engañaba, que incluso al pillarla con un compañero medio desvestido en su casa y explicarme que sólo se había duchado allí porque hacía mucho calor, la creí. Me sentí tan imbécil cuando me enteré de que mis sospechas eran ciertas, que nunca más me permití desconfiar de mis primeras impresiones. Para colmo, no terminé con ella porque me enteré de que me la pegaba, sino por la desconfianza que generaban en mí sus actos, porque nunca tuve pruebas. Como siempre, uno es el último en enterarse. Descubrí que mis sospechas eran ciertas gracias a una chica que se me declaró después de terminar aquella relación y que la conocía perfectamente.

Ahora aplicaba esa desconfianza a todas las mujeres, no quería sufrir y el tiempo me había demostrado que tenía algo de razón. Con los hombres también me pasaba. Uno de mis más viejos amigos era casi un simple desconocido. Empezó a salir con mi grupo cuando teníamos 14 años, desde el primer día supe que era buena persona, pero que nunca llegaría a forjar una gran amistas con la mayoría y así fue. Después de muchos años sólo era muy buen amigo de uno de nosotros, precisamente al que le dije, nada más conocer al nuevo integrante del grupo, lo que pasaría.

Mi técnica de las primeras impresiones no es infalible, pero me ayuda a subsistir. Cada cual tiene las suyas a la hora de enfrentarse a la sociedad y las relaciones que se tienen con el resto del mundo.

La fiesta de cumpleaños

¡A saber quién era más raro! Quizás el raro fuese yo. Cuando fui al cumpleaños de la nueva novia de Luis me dijo que le hacía un favor porque sólo hacía dos semanas que se conocían. Luis estaba muy cortado, todos lo miraban. Como lo conozco, vi es sus ojos que se sentía como una especie de trofeo, a pesar de que le gustase mucho la chica. Incluso había algún familiar de ella por allí. Eva estaba desenfrenada, todos le sonreían e incluso se acercaba a Luis para besarlo sin disimulo.

Luis y Eva se perdieron un par de veces entre la gente y yo entablé amistad con un pretendiente declarado de Eva que no parecía mal chaval, igual que Luis. Así descubrí que Eva le gustaba a todos, era risueña y guapa, una chica encantadora. Pero fue más tarde cuando, embebido por el alcohol y la música, descubrí otro mundo. Mi amigo estaba totalmente drogado al igual que ella, toda la fiesta inhalaba ingentes cantidades de cocaína como si nada. Enseguida comprendí el estado generalizado de bienestar.

Ella apareció de repente tomándome por el brazo, me dijo que Luis le había contado que éramos muy buenos amigos. Me arrastró hasta un cuarto en el que había una cama de matrimonio, un armario empotrado y una pequeña mesita de noche a un lado con un gran espejo. Sobre la mesita había varias cajas en las que nunca sabré que guardan las mujeres y un espejo con cuatro rallas. Me pidió que me sentase y con un papel de fumar envolvió un poco del polvo que había sobre el cristal para que me lo comiese. Le pregunté qué era y me contestó que "MDDA", una nueva sustancia parecida a la cocaína. De repente la llamaron y, tras ingerir su parte, me dejó en el cuarto con aquella bolita de papel. No sabía que hacer, así que me levanté y la guardé en el bolsillo. Salí al balcón y me encontré con Luis, omití lo sucedido no sé por qué, aún sabiendo que estaba completamente drogado. Veía mal haberme ido con su novia a un cuarto. Seguí hablando con él mientras veía como la fiesta se descontrolaba y la gente empezaba a hacerse rallas de cocaína, o lo que fuese, en platos y bandejas. Al final decidí ir a por una cerveza al congelador, abrí la lata y sin saber porqué me comí aquella extraña pelota de papel.

La luz se hizo intensa, la brisa que antes cortaba ahora calentaba. Cada vez hablaba con más gente, pensaba que todos se habían dado cuenta de que yo también me había drogado, porque incluso con los que apenas hablé al principio ahora no podían detener mi verborrea. Luis apareció para ir a buscar a una supuesta amiga mía a un bar cercano. Entendí que quería irse porque yo no había quedado con nadie, excepto con él. Corrimos hacia abajo por una escalera infinita. Fuimos a un bar cercano y nos pedimos una copa, allí me explicó que se había tomado la misma bola de papel que su chica me ofreció a mí. Al final le conté que yo también me había tomado lo mismo y que fue su chica la que me lo había dado. No le hizo ninguna gracia porque a pesar de que aquella chica llevaba un cartel en la frente que ponía peligro, uno siempre prefiere pensar que sólo es una idea que se nos pasa por la cabeza sin fundamento. Lo vi preocupado, estaba nervioso, al igual que yo, lo nuestro era el alcohol solamente. Aunque lo que más le inquietaba era que Eva parecía una chica demasiado extrovertida y con mucha experiencia. Sin más, me dijo: "Esta tía tiene más polvos que el libro gordo de Petete". Sin querer herirlo le respondí: "Está buena, fóllatela y pasa de ella. Te traerá problemas".

Volvimos a la fiesta. A ella no pareció hacerle mucha gracia la pequeña escapada, pero al estar tan eufórica se le pasó al instante. Bailaba sin parar. Luis estaba menos cortado y se había integrado. Me fijé en que la gente tenía un aspecto un poco raro. Aunque lo que más me sorprendió fue el hecho de que a pesar de tener un aspecto bastante dejado o informal, todos eran funcionarios o empresarios. Hijos de la droga a los que la vida les sonrió muy pronto e hicieron lo que les dio la gana con edades relativamente cortas. Incluso me molestó aquella falta de consideración hacia el resto del mundo que intenta ser correcto y maduro, cuando en cierto modo ellos lo eran más porque tenían sus futuros solucionados. Yo intentando ser un hombre responsable, mientras aquellos dejados eran más independientes que yo y tenían su propia vida. Incluso la chica de Luis era funcionaria y se acababa de comprar una casa con tan solo 26 años. La verdad es que era envidia, pura envida. Pero no de sus vidas, sino por la libertad que reflejaban sus rostros. En mis viajes siempre pensé que tendría esa cara de absurda indiferencia con respecto a mi autonomía.

No estuvimos mucho más rato en la casa. Todos nos

fuimos a la zona de marcha de la ciudad, pero allí nos dividimos. Luis y yo nos quedamos en un bar, y los demás, incluida Eva, se fueron a otro. Estábamos pletóricos, hablábamos con todos, bailábamos y bebíamos sin parar. Tras entablar una conversación con varias chicas con intenciones bastante claras para ambos, nos fuimos a otro bar. Nada más llegar nos ofrecieron una cápsula, nunca nos había pasado, fue de lo más raro. Sin saber ni como, fuimos a la calle y tras dividirla en dos partes, con el mismo sistema del papel envolviendo el polvo, nos la tomamos.

Luis estaba cada vez más nervioso y sólo pensaba en uno de los chicos de la fiesta hablando con su chica, que por supuesto se había ido con ella y los demás. Al final me arrastró al bar en el que estaban, bastante alterado y agresivo. Ella conversaba plácidamente con el chico en cuestión, sin pensárselo la besó y tuvieron una discusión un poco subida de tono. Duró varios minutos en los que yo aproveché para decirle al chico que la vida era así, que otro día tendría mejor suerte. Al rato volvieron y Eva me pidió mi número sin saber para qué. Luis la cogió del brazo y se la llevó. Yo me quedé hablando con el chico. Era funcionario de la alta administración y tenía unos 40 años. Tenía mala suerte con las mujeres y ya estaba harto de todo. Hablé con él bastante rato, no recuerdo cuánto porque ni siquiera le dejé articular palabra por lo nervioso que estaba. Hasta que encontré a una amiga del instituto que me llevó a casa, al ver en el estado en el que me encontraba.

Abrí los ojos y me dolían hasta los párpados. Había quemado hasta la última gota de energía que tenía en mi cuerpo. Las sábanas cubrían mi cuerpo sudoroso y recordé lo que había hecho la noche anterior, aunque con lagunas. Intentaba pensar y no podía. Era incapaz de generar una idea con algo de imaginación. ¡No podía pensar! Miré hacia la bombilla de mi cuarto fijamente y cerré los ojos. Intenté ver algún dibujo en las manchas blancas que aparecían en mis ojos por la quemazón. Pero sólo eran manchas. Luego puse la televisión y fue peor porque tampoco me ayudó a pensar demasiado. "¡Un mensaje con el móvil!", me sugerí. Le preguntaría a Luis como había terminado la noche. Al momento me respondió que estaba con ella en su casa. Volví a malograr mis ideas sobre que aquella chica no le convenía ni a él ni a mí, al momento ya estaba mirando hacia la pared sin pensar en nada. Una hora más tarde llamé a mi novia para decirle que ya me había levantado y que la juerga con Luis me había pasado factura, que no me podía ni mover. Ella sólo me riñó porque aseguraba que no sabía beber.

Dos días más tarde recibí un mensaje de Luis diciéndome que había dejado a la chica después de 15 días, porque a pesar de que le gustaba mucho Eva se iba de vacaciones a Londres a ver a un amante que tenía desde hacía un tiempo. Quedé con él y me explicó que le había dicho que se fuese, que no podía perder el dinero del billete por él ni que quería que hiciese algo semejante por un tío que acababa de conocer. En el fondo le dolió, pero él también sabía que era una chica demasiado peligrosa para la salud mental de cualquier hombre. Alguien de quien te puedes enamorar muchísimo, sabiendo desde el principio que te hará sufrir. La verdad es que lo felicité por la decisión, además de explicarle que hay mujeres que no son para uno. Que tal vez somos capaces de soportar muchas cosas en algunos momentos, pero cuando intuimos qué nos sucederán con alguien y es malo, es mejor cortar por lo sano.

La otra cara de la moneda

-¿Qué te parece si invito a mi nuevo rollete a mi cumpleaños?

-Haz lo que quieras, así también echas un polvo como regalo de cumpleaños.

-Es un buen tío, es lo que me conviene para reformarme. Aunque la verdad es que lo mejor de él es que está muy bueno, tiene un cuerpazo.

-Eres una puta Eva, no das abasto. Por una vez podías centrarte un poco. Bueno, lo más importante, ¿a qué se dedica? Acaba de terminar un master de marketing avanzado o algo así, pero de momento está haciendo un video montaje que quiere exponer. Espero que le salga bien, la verdad es que lo veo un poco perdido. Pero me gusta que me cuente sus tonterías, desde luego no me aburro. Viene con un amigo, le da corte llegar sólo, me dijo que como no conoce a nadie se pasaría con esa condición.

-Pues con la que vamos a montar ya verás. Compré un par de gramos de MDA, tu cumpleaños lo merece. Espero que esté mejor que el último fin de semana. De todos modos ya sabes que casi todos traerán algo. En cuanto se vaya tu hermano ya sabes.

-¿Te apetece que nos metamos algo ahora? Así cuando lleguen los demás estaremos de puta madre.

-Mejor más tarde, saca un par de cervezas de momento y ayúdame a preparar las cosas que se nos está haciendo tarde.

Hay mucha comida y bebida. Seguro que al final lo primero que se acaba es la cerveza. El año pasado vinieron unas 60 personas, aunque hice bien al invitar a los amigos de mi hermana por si acaso. Menos mal que no nos metimos nada antes, no pensaba que Arancha traería a su hijo. Con que se vaya sobre las 12. Este cumpleaños es muy especial para mí, desde que tengo mi puesto fijo veo la vida de otro modo. Desde hace un tiempo para acá no puedo ser más feliz, la vida me sonríe. Incluso ligo más, antes también lo hacía, pero como se me nota que soy muy afortunada y lo tengo casi todo. Aunque todavía no he conocido a ningún tío que me sorprenda al responder si es feliz o no. Lo que me gustaría es que me preguntasen simplemente es que cómo podía ser yo tan feliz. Bastaría sólo con eso. Que se interesasen por lo que quiero. La gente se preocupa demasiado por el futuro. No saben disfrutar de los instantes.

Todos se están comportando, el año pasado vino más gente y fue difícil controlarlos. ¡Qué ganas tengo de pasármelo bien! Soy tan feliz… Hay gente que pensará que soy un poco frívola, que sólo me gusta bailar y divertirme. Cuando en realidad lo que intento es ver el lado positivo de la vida y disfrutar al máximo de todo. Tal vez la música sea una de las cosas que más me gusta, despierta en mi las sensaciones y actitudes que trato de reflejar a diario. Simplemente dejo que el ritmo fluya desde mi cabeza a mi cuerpo sin tapujos. Es fácil soltarse a lo que venga, lo único que hay que hacer es dedicar el tiempo preciso a pensar en el futuro y los demás, después sólo es un ejercicio o una capacidad especial de querer sorprenderse con lo que venga sin perder los pies de la tierra. Hoy me lo paso bien y mañana quizás deba ser responsable, pero ya lo seré mañana porque hoy es hoy.

Mi nuevo rollo está un poco cortado, voy a conseguir que se suelte un poco y disfrute de la vida, aunque somos tan diferentes que trataré de deleitarme simplemente de lo bueno que está. La cara de mis amigas es la ostia. Me encanta presumir, incluso creo que alguna me tiene algo de envidia. Algunos nacemos para ser líderes natos. Desde luego este tío es un poco aburrido, menos mal que folla bien. Total, para lo que me va a durar.

-Hola Andrés.

-Qué tal, guapa. Felicidades.

-¿Cómo te va? Estarás ganando una pasta en el puestazo que tienes ahora.

-Ya sabes que me costó mucho sacarme las oposiciones.

-Igual que a mí, pero ahora que nos quiten lo bailado, me acabo de comprar hasta una casa.

-¿No jodas? ¿Dónde?

-Justo aquí al lado. ¿Tengo cara de hipoteca?

-Qué va, sigues igual de guapa que siempre. Por cierto, el tío ese quién es.

-Es un rollito, hace poco que nos conocemos.

-¿Entonces no hay nada que hacer entre tú y yo?

-Nunca se sabe.

-En serio, tú sabes que entre nosotros hay algo más que una amistad.

-No sé.

-Podíamos quedar para ver el último corto de un amigo. Es el segundo que hace, lo estrena en una sala de exposiciones.

-Estaría bien. Dame el toque cuando lo estrene.

Es un tío muy interesante, además lo hombres maduros tienen algo que me atrae. Será que ya saben y tiene cosas que enseñar. Con lo de la película ha ganado puntos, me encanta el cine alternativo.

-No vamos a un bar de por aquí. Vamos Luis.

Creo que ya le ha subido lo que le di antes, ahora está más relajado. Espero que deje de ser tan aburrido como hasta ahora y nos lo pasemos bien.

-Os acompañamos un rato y luego nos vemos. Es que voy con mi amigo a un bar de por aquí que quiere saludar a una coleguita.

-Vale. ¡Andrés, cuéntame de que va la película de tu amigo!

-Es un cine independiente en el que refleja la capacidad del ser humano de ser una dualidad permanente en constante reciclaje.

-Qué bien. ¿Pues has visto al última de Rafa el amigo de Alfredo? Trata de algo parecido.

-Sí, pero dime si alguna de las dos partes de tu dualidad se podría acercar un poco más a mí.

-¿Te vale con esto?

-No está mal, pero ha sido un beso sin más.

-Eso es lo que te daré por ahora. Ya veremos, además estoy con el chaval que viste antes. No tengas prisa, te digo que ya veremos. Queda mucha noche para que me demuestres si mereces la pena.

Andrés miró a lo lejos y vio como Luis se acercaba a ellos. Se la llevó sin más y pensó en llamarla otro día. Esa noche ya era imposible, pero no le había cerrado las puertas. Todos sabían que era una chica fácil sin problemas con el sexo, sólo tenía que cogerla un poco colocada.

Lucas

-Hola Fran ¿Vamos al centro a tomarnos un café? Tienes que trabajar o has quedado con tu novia, no me digas que sí, qué os veis todos los días.

Me encantan los cafés de mi ciudad. Sobre todo los del paseo marítimo, la mezcolanza entre lugareños y extranjeros produce un ambiente muy especial. Los guiris aportan nuevas modas y un paisaje plagado de cabezas rubias. Lo cierto es que la cosa cambia cuando te tomas un café junto a un espectáculo femenino como ése. Además, parece como si las chicas guapas de la ciudad también estuviesen concentradas allí. Por lo menos eso era lo que decía Lucas cuando me llevaba.

Llamó a mi portero electrónico y bajé. Me esperaba en el coche del padre, al que le había puesto un potente equipo de música. Después de escuchar hasta cuatro temas de los

Hombres G, conseguimos aparcar en un lugar secreto cerca del paseo. Normalmente los fines de semana era imposible encontrar aparcamiento, y tras estudiar la zona dimos con un parking bastante oculto. Sólo estaba a cinco minutos del bar al que íbamos siempre. Mi relación con Lucas era un tanto especial. Es uno de esos amigos a los que quieres por la cantidad de años que hace que lo conoces, aunque en realidad los años os han distanciado y ya no tenéis nada en común. Sólo los recuerdos de una personalidad en construcción. Los fracasos y victorias hasta conseguir ser algo parecido a lo que éramos ahora. En el camino se habían quedado nuestros primeros rollos, los carnés falsos para entrar en las discotecas o las primeras borracheras. Aunque Lucas no había cambiado demasiado. Quizás lo que me molestaba de él es que no quiso crecer nunca. Parecía que todavía tenía 14 años. Desdeñaba las responsabilidades, dejaba los trabajos a los pocos meses. Vivía con sus padres sin intención alguna de independizarse y, en definitiva, era uno de los muchos hijos de una generación sin aspiraciones razonables. Todavía quería montar un grupo de música o meterse en uno de esos programas de la tele como *Gran Hermano* para hacerse famoso. Era un artista del escaqueo, capaz de inventar las historias más descabelladas con tal de no hacer nada. Recuerdo cuando intentó que le diesen una baja en el trabajo fingiendo que tenía problemas de estómago. Se había enterado de que si bebía mucha gaseosa antes de ir al médico, ni siquiera las máquinas sabrían qué le pasaba, sólo tendría que decir que le dolía mucho y nadie podría descubrir la causa real. Por supuesto lo echaron de aquel trabajo a las pocas semanas.

Aquella tarde volvió a hacer lo de costumbre. Se giró y espetó un "hola" muy sonoro y en inglés, a las dos chicas rubias que teníamos sentadas al lado. Después de un rato de bochorno, se volvió hacia mí explicando de dónde eran y lo que hacían aquí. Pero sin conseguir nada más que subirles el ego, porque a los pocos segundos se levantaron y se fueron. Yo creo que era su actitud. A pesar de unos hilarantes planes para hacerse rico y famoso era un buen tío. Uno de esos que cuando te dan el corazón te lo dan entero. Lo que pasa es que la vida no le había tratado bien y había elegido caminos angostos y difíciles.

El caso es que no podía dejar de quererlo. De hecho, siempre estaba al corriente de mi vida personal, igual que yo de la suya. Lucas opinaba que me portaba mal con María, que tenía que dejar mis líos con otras y centrarme en amarla. Tener una familia y una vida estable. Unos valores que creía muy importantes.

De vuelta, a unos 20 metros del coche, pasamos junto a una chica y varios chavales. Era muy guapa, morena y de ojos como platos. Nos preguntó si queríamos el pequeño gato que tenía en sus manos. Sin dudarlo, Lucas dijo que sí. Yo empecé a reír porque pensé que era broma. Pero de repente cogió al pequeño gato y empezó a acariciarlo con verdadera ternura. En el suelo, entre los chicos, había una caja de cartón en la que estaba el resto de la camada, por si queríamos elegir a otro. Yo seguía creyendo que no se llevaría el gato y que estaba bromeando, pero él seguía diciendo que sí que se lo llevaría. Fue tan rápida su decisión que creo que incluso los chicos pensaron que también era broma. Al final nos fuimos con el gato. No pude resistirme y le espeté si lo había hecho para ligarse a la chica. Por supuesto me dijo que sí, pero que a pesar de todo quería llevarse el gato, pues Dios le estaba ofreciendo un regalo del cielo y que debía aceptarlo. Al instante le recordé que ya tenía en casa un perro y un pájaro, y que aquello podría ser una batalla constante entre varios eslabones de la cadena alimenticia. Además de que la madre lo iba a matar. Su respuesta fue contundente: "Mis padres lo querrán igual que al perro y al pájaro, al principio no los aceptaban, pero ahora se les cae la baba". Llevamos al gato a mi casa para darle de comer y para que llamase a sus padres antes de presentarse directamente con el animal. No le pusieron demasiadas trabas según me dijo, aunque a la semana se tuvo que deshacer de él.

Ya hace diez días que Lucas se fue a Edimburgo. Allí tenía una vieja amiga con la que al parecer mantenía el contacto desde hacía unos años. Y a raíz de un viaje que había hecho a la ciudad de la chica hacía dos meses, le había dicho que se fuese a vivir con ella. De un día para otro desapareció. Y la verdad es que lo primero que pensé es que al final le había sonreído la suerte con las mujeres. Por fin alguien le quería.

Incluso Lucas se había marchado. Mientras, yo seguía devanándome los sesos sobre si irme o no. Sé que irse por alguien es abandonarse al futuro de otra persona, incluso hacer de su vida la tuya, es lo único que no me gustó de todo aquello. Y decidí que si me iba sería para crear mi propio futuro y mis sueños, no para que me prestasen los de otros. Quién sabe, tal vez era incapaz de pensar simplemente que cuando quieres a alguien los sueños ya son de ambos.

La Habana

Tras una conversación con mi padre descubrí que nunca sería feliz en la empresa. Las cosas había que hacerlas como él decía. Yo pensaba que por lo menos, en lo que se refería a mi trabajo, tenía pleno control y autoridad. Pero un día llegó con un gestor para hacer una auditoria y revisar mis informes y cuentas. Le argumenté que cómo un extraño podía venir a cuestionar mi trabajo. Yo podía saber incluso más que él. Aunque su contestación fue muy clara, un niño no podía saber más que un hombre con años de experiencia. Tal vez tenía razón en lo de la experiencia, pero por qué tuvo que añadir lo de que era un niño.

Esa misma noche me fui con María y una botella de ron a la playa a hablar. Tras cuatro cubatas me di cuenta de dos cosas: María me comprendía tanto como mi padre y que quería cambiar de vida. La dejé en su casa con un rostro inexpresivo, motivado por una sensación de incomprensión. Durante la conversación que mantuvimos me soltó que estábamos a punto de comprarnos el piso y que tendría que aguantarme porque nos hacían falta los dos sueldos. Sólo tengo 29 años, por qué tenía que resignarme tan pronto. Seguro que a lo largo de mi vida lo tendría que hacer muchas veces. Odio la sensación del miedo a empezar algo que sabes que nunca dejarás de hacer.

Me levanté con una resaca brutal y no fui a trabajar. Apagué el móvil y sin pensarlo demasiado (esa fue la clave, sólo por instinto) fui a varios bares del centro a pedir trabajo. En el tercero, llamado *Café Suiza,* les hacía falta un camarero para trabajar por las tardes. Lo más gracioso es que tampoco ganaría mucho menos que en la empresa de mi padre. Tantos años estudiando para darme cuenta que utilizando mis manos en vez de mi cabeza podía ganar lo mismo. Volví a mi casa como si nada. Mis padres me preguntaron qué me había pasado y simplemente les conté que tuve que a hacer unas cosas para la compra del piso. La bronca duró poco porque sabían que era algo importante.

Al día siguiente era domingo y la empresa cerraba. Eso fue lo que María creyó. Sobre las cuatro de la tarde me presenté en el bar y empecé a trabajar. El encargado me explicó cómo llevar la bandeja y al final de la tarde conseguí llevar varios vasos y cafés al mismo tiempo. El hombre era bastante joven y conectamos enseguida. Le expliqué que estaba harto de estar en mi casa, de mi trabajo actual y en general de todo. Cuál fue mi sorpresa cuando incluso me ofreció una habitación que le sobraba en su casa. Curiosamente vivía por mi barrio. Lo cual me gustó porque en realidad conocía la zona de toda la vida y estaría cerca de mis padres, pero libre.

Cuando volví a casa mi madre me preguntó que tal había pasado el domingo con María y si habíamos hablado del piso. Me inventé que la cosa volvía a estar parada, y que sus padres se estaban metiendo demasiado en el asunto. Subí a mi caseta y me tendí en la cama. Recordé todas las veces que mi padre me habló de ganar poco y trabajar mucho, me di cuenta de que si empezaba en el bar mis sueños de viajar se alejarían un poco más. Aunque podía ser el comienzo. Ahorrar un poco de dinero y quién sabe, en un par de meses me podría largar. Aunque era consciente de que si dejaba mi trabajo tendría que cambiar mi vida por completo.

Casi era la hora de cenar y después había quedado con María para tomar unas cervezas. Mi padre había puesto la mesa y mi madre preparó unos chuletones con patatas fritas. Casi me daba miedo mirarles a la cara y decirles que dejaba el trabajo. Dirigí una mirada melancólica a mi madre y le solté directamente a mi padre: "Podría dejar el trabajo durante un tiempo, quiero cambiar de aires". Sus ojos se tornaron opacos mientras una especie de llamaradas, provocadas por el reflejo las luces del cuarto, calentaban poco a poco su imaginación. Su respuesta fue lapidaria: "¿Pero qué dices?". Me desgranó que así nunca llegaría a saber cómo dirigir la empresa. Que era un irresponsable y un traidor. La cosa se puso tan tensa que mi madre intervino diciendo que se me había ocurrido una tontería. Que no me hiciera ni caso. Terminé lo más rápido que pude el grueso trozo de carne rojiza del plato y salí pitando.

María me esperaba en su casa. Le di un toque al móvil y bajó enseguida. No tardé en asaltarle con mis ideas e incluso fue peor que con mi padre. Para una vez que era sincero y les abría mi corazón todos pensaban en ellos. Me dijo que cómo íbamos a pagar el piso. La boda estaba al caer y no quería salir con un parado. Sí, tal y como suena, un parado. No daba crédito a lo que oía. Supongo que en el fondo lo que me quiso decir es que debía seguir con un trabajo y un sueldo. Además de que era una pena que me dedicase a otra cosa, estando cualificado para mucho más que servir copas. ¿Pero a quién le importaba estar cualificado o no? Yo sólo quería estar cualificado para mi vida, para mi felicidad, para el día de mañana pensar que luché por mí. No por ser un gran empresario, sino por ser mejor persona y quererme un poco más.

Un paraíso fiscal

Todos los negocios tienen eso, hay que sacar beneficios. El *Café Suiza* también intentaba ahorrarse unos euros de cualquier forma, así que me pagaban una parte en dinero negro. Con lo que mi sueldo, a ojos del Estado, no era muy alto, luego me daban otra parte en metálico y libre de impuestos. Lo que más me gustaba del bar era que para mí significaba un punto y aparte con mi vida anterior. Era como un país al margen en el que la gente parecía no existir y en el que, para mi familia y mi novia, había dejado de hacerlo.

A los dos días de esfumarme de la empresa de pinturas tuve que irme de casa. Mi padre dejó de hablarme y subir por las escaleras del edificio sin ser visto por alguno de mis familiares se convirtió en un imposible. Cada vez que encontraba a mis tíos o mis abuelos también era una discusión, aunque al igual que mi madre, me comprendían en cierto modo.

No tardé en marcharme. Mi encargado estaba al corriente de mi situación familiar y me volvió a ofrecer la habitación que le sobraba. Acepté gustoso y a los tres días de abandonar la empresa ya me había trasladado. María estaba atónita. Cómo iba a pagar el piso con un sueldo de camarero y qué dirían sus padres, los conocidos, etc. Sabía que si quería conservarme tendría que resignarse a ver como emprendía un camino diferente. Me calentó la cabeza todo lo que pudo y más. Incluso llegué a pensar que lo que le gustaba de mí era la vida que tendríamos como pareja. Un buen marido, eso era lo que buscaba. Pero no cualquiera, sino el que reuniese sus requisitos.

Calderón, mi encargado, me cobraba una miseria por la habitación, por lo que podía seguir ingresando mi parte para el piso con María. El problema de la comida se solucionó pronto porque comía en el bar o incluso me llevaba comida de allí. Los lujos para mí se redujeron bastante, pero lo que más me jodió fue tener que volver a coger el autobús. El coche que tenía me lo había comprado con parte del dinero de la empresa. Vamos, de mi padre. Y para no tener más conflictos decidí dejarlo bien aparcado frente a mi antigua casa.

Lo cómico del asunto es que mi tan ansiado y nuevo hogar estaba a tan sólo dos calles de donde vivían mis padres. Cuando llegaba del trabajo siempre pensaba que me encontraría con mi padre o mi abuela. Pero nunca sucedió. Sólo me los encontraba cuando, cada dos semanas, mi madre me invitaba a comer. Ahora mi padre me veía de forma diferente. El cierto poder que ejercía sobre mí había desaparecido. Seguía siendo mi padre, el que me había enseñado qué es la vida en cierto modo. Pero ya no tenía la potestad de coser mi futuro enhebrando el hilo a su voluntad. El cambio se produjo desde el principio. Sólo en dos semanas rompí con parte de quien era antes. De repente tuve que hacerme la compra, limpiar mi ropa… Incluyendo los consejos de mis padres, que si bien aceptaba o no, algo más de información sobre la vida sí que me aportaban. Así, después de 14 días exactos, mi madre me llamó al móvil y me dijo que fuese a comer a casa. Me habían visto por el barrio y sabían que vivía cerca.

-Hola mamá.

-Qué tal mi niño. Hay que ver el disgusto que nos has dado. Podías haber venido por lo menos para saludarnos. Tu padre está muy enfadado contigo.

-Ya lo sé mamá, pero qué quieres que le haga. Ya estaba harto de todo y tuve que dejarlo.

-Pero podías haberlo hablado con nosotros.

-Si lo hubiese hecho no habría salido de la casa en dos años. Llega un punto en que hay que hacer las cosas sin más. Ya sé que trabajar de camarero tiene que ser eventual. Sólo es algo que me permite ganar dinero rápidamente. Mamá, si te acuerdas de cuando terminé la carrera e hice prácticas en diferentes empresas… Era imposible quedarse. Sin olvidar que los sueldos eran de risa.

-Bueno, vamos para el salón que tu padre está al llegar. Ahora seguimos hablando del tema. Pero que sepas que esto que nos has hecho no se le hace a nadie que te quiere.

-Precisamente lo hice por eso, porque os quiero demasiado. Qué querías, que después de unos años pensase que odiaba a mis padres por la vida que me habían impuesto. Todo lo contrario. No quiero tener el recuerdo de alguien que me lo ha dado todo para tirarlo a la basura. Papá y tú habéis luchado mucho por mí, eso lo sé. Pero ahora yo soy el que tiene que luchar por ser algo más como persona.

-Bueno hijo. No sé que decirte. Sí tú eres feliz así. ¿Y tu novia? ¿Y la letra del piso?

Mientras la puerta se abría se me cambió el gesto y no supe ni qué contestarle.

-Hola papá.

-Qué tal estás. Espera que me ponga cómodo y nos vamos al salón. Mamá ya tendrá lista la cena.

La primera impresión fue buena. Parecía sólo un poco disgustado. Incluso creo que esbozó una media sonrisa al verme. Sé que le cuesta mucho demostrar sus sentimientos y aquello le había dolido mucho. Crear una empresa. Un imperio sin la continuidad que él quería. En el fondo pienso que los padres siempre intentan dejar a sus hijos algún tipo de herencia. Es como el último regalo que hacen a quien perpetuará sus genes y en definitiva su forma de ver la vida.

-¿Bueno, qué tal ese nuevo trabajo?

-Ahí va. Por lo menos me paga las facturas. Lo bueno es que la gente que va allí suele ser mayor y deja propina.

-¿Cuánto te pagan?

-Unos 60 euros por día, contando las propinas. Ya ves papá. Estudias una carrera para optar a ganar más trabajando con tu cabeza y luego resulta que los trabajos físicos están mejor pagados. Nos es ningún deshonor trabajar de electricista o repartidor, ganan más y sin tanta responsabilidad como un economista.

-Igual que yo. Pero lo de estudiar siempre te dará un empaque ante la vida. Es por lo que te quería poner directamente de jefe en la empresa cuando me jubilase. Qué te crees, para trabajar de electricista siempre hay tiempo. Pero qué queda mejor, ¿decir que eres un electricista o un camarero, o que eres un empresario que estudió economía?

-No empieces papá. Es que no se trata de decir lo que eres sino de ser feliz con lo que hagas. Admito que todos tenemos una parte de nosotros que piensa en el qué dirán, pero también hay otra a la que le importa un carajo, lo importante es lo que piensas de ti a solas. Siempre me enseñasteis que la vida es un viaje con muchos altos y bajos. Y yo también lo creo. Con la salvedad de que uno puede elegir cuál será su camino y hacia dónde irá. Porque si a pesar de que la vida no es todo lo magnífica que parece, tienes que añadirle que estás insatisfecho contigo…

La conversación duró un par de horas. Mi madre, como siempre callaba, aunque intervenía cuando llegábamos a algún punto un poco delicado. Al bajar la escalera de mi casa tuve la certeza de que en el fondo yo era como mi padre, un luchador. Y aunque mi lucha no fuese la que el pretendía, sabía que estaba luchando por algo: por ser mejor. Aunque su deber de padre y su experiencia le mostrasen que el camino fácil era otro. Incluso creí que tal vez hubiese entendido que a pesar de agradecerles de por siempre las facilidades que me habían ofrecido, era la única forma de aprender sobre la vida. Era consciente de que incluso me faltaría existencia en la que descubrir ciertas cosas.

Inquilino

Calderón era bastante introvertido. Tantas horas poniendo buena cara para agradar a los demás le pasaba factura. Una vez que llegaba a la casa se transformaba en alguien retraído y sin muchas aspiraciones. Yo simplemente le veía como mi salvador. Aprendí que una vez que ya no dependes de nadie para vivir, sino de ti, cambias. Por lo que evitaba juzgarle. Sólo hacía algo que le vaciaba como persona pero le permitía serlo. Quería montar su propio negocio. Nada de estar sirviendo él. Sería el jefe. Después de tantos años en la hostelería se merecía llevar las cuentas únicamente. Pretendía montar un bar de copas para gente de dinero. Así no tendría problemas con la clientela. Yo sólo podía escuchar. Supongo que ya estaba acostumbrado. Mi padre también había empezado de cero, hasta que pudo montar su propio negocio. Y era uno de los hombres que más orgulloso se sentía de si mismo.

Mi jefe y compañero de piso tenía mucho tacto cuando hablaba de mi familia. Sabía que me costó abandonarlo todo. El primer día que llegué a su casa me dijo en la misma puerta:"Estás siendo muy valiente". Empezar de nuevo no es fácil. El miedo a que todo se derrumbe es constante. Pero ese miedo es el que también te mantiene despierto y hace que recobres un instinto, el de la supervivencia. Para ello tienes que agudizar la inteligencia. No aquella con la que estudias o crees que tienes al resolver un problema existencial. Se trata de la que te hace estar despierto ante la vida. Ver lo que otros ignoran puede beneficiarte. Estrangular el placer del tiempo libre cuando no tienes preocupaciones. Pensar en cuánto dinero tienes hasta final de mes y en el partido de fútbol de los jueves con tus amigos al que dejaste de ir por falta de tiempo. Cosas tan cotidianas para mi hasta hacía tan poco que ahora me daba cuenta de las facilidades que siempre tuve.

La casa era pequeña y la habitación también. Pero era más de lo que necesitaba. En realidad tenía de todo. Incluso un pequeño portátil que Calderón dejaba en el salón para ver películas, entre otras cosas. Fue allí donde conocí a Juan Carlos. Un chaval que también trabajaba de camarero en un bar cercano. También era un tío muy tranquilo y, al igual que mi jefe, no era muy juerguista. Más bien, sólo bebía en casa de vez cuando. Me explicaron que cuando llevas tanto tiempo en la hostelería y conoces a tanto majadero se te quitan las ganas de salir de juerga. Que ya lo descubriría por mi mismo. Era una especie de mal que afectaba a gran parte del sector. Por lo que una vez a la semana, más o menos, organizábamos una especie de fiesta improvisada en la casa entre los tres y nos emborrachábamos. La verdad es que casi nunca invitaron a nadie, y yo tampoco excepto a mi novia. Además, como

Calderón era el que se las entendía con el casero no quería hacer estropicios en el piso. Creo que nos cobraba un poco más de lo que hubiese tenido que hacer al dividir el total del alquiler entre los tres y así pagarse un poco de su parte. Pero si lo hacía nunca lo supe. En definitiva el piso lo estaba alquilando él y podía hacer lo que quisiese. Cosa que entendía perfectamente, pero me hizo ver que cada cual se las ingenia como puede para tirar para delante.

Vivíamos en un segundo. Con lo que se escuchaba la calle. El ruido era soportable, lo que no me hacía gracia era que si alguna vez me asomaba me reconociese algún comerciante o mis antiguos vecinos. Me molestaba que murmurasen sobre mis desavenencias familiares. Por qué airearlo. En todas las familias hay historias, pero saben guardarlas en secreto y dan sensación de aparente normalidad.

Después de un par de semanas hice que mi cuarto

pareciese un pequeño hogar. Dos carteles de anuncios de bebidas que habitualmente regalaban al bar, y una estantería con algunos libros, fueron decisivos. Además de la cama siempre deshecha y algo de ropa diseminada por el cuarto. En cuanto a la casa, la única condición era que cada jueves hiciésemos una pequeña limpieza de las partes comunes. Y excepto para la comida, que al final comprendí por qué cada cual se compraba y cocinaba la suya, me pareció todo perfecto. Las primeras semanas pensé que sería más fácil cocinar y comprar en común. Luego entendí que a veces no te apetece cocinar, o ni siquiera tener que fregar y te haces un bocata o una pizza. Incluyendo que a cada cual le puede apetecer una u otra cosa y por qué tenía que pagársela al otro. De todos modos había pocas discusiones al respecto, teníamos horarios distintos y era difícil coincidir.

Me habían hablado de la convivencia, pero aquello parecía otro rollo. La gente a la que oí hablar del tema se refería a su época de estudiante. Aquí cada cual tenía muy claro lo que podía hacer o no. Juan Carlos trajo un par de veces a unos amigos a los que largó prudentemente antes de media noche. Creo que el respeto por los demás cuando se vive con más gente es algo que no sólo se aprende con tu familia. Pero también es cierto que ellos llevaban viviendo solos mucho tiempo. Por lo que ya habían pasado por todos los roces posibles de la convivencia.

Lo peor de todo eran las discusiones con María. Cuando llegaba del curro, muchas veces se venía a la casa conmigo y me soltaba interminables discursos sobre lo mal que lo estaba haciendo. Incluso creo que aprovechaba el tema del sexo para reafirmar lo que decía. Cuando lo hacíamos quería que fuese completamente en silencio para que mis compañeros no nos escuchasen, cosa que me parecía bien. Hasta el día en que me dijo de hacerlo en el suelo para que ni se escuchase la cama. Le dije que tampoco había que pasarse. Una cosa era que no nos escuchasen gemir y otra muy diferente lo del suelo. Así por lo menos supe lo que tenía que ser tener niños y hacerlo sin que te escuchen.

La verdad es que, aún teniendo mis más y mis menos con María me di cuenta de que ya no me apetecía tanto acostarme con otras chicas. Y que a pesar de que no estuviese contenta conmigo yo sí lo estaba con ella. Sus consejos sobre la casa y el trabajo eran los que cualquier persona preocupada por otra hubiese dado. Me ponía en su lugar y era capaz de verla de otra forma. Obvié que quisiese un marido con una serie de requisitos, sino que tal vez esos requisitos fuesen fundamentales para tener una vida sin preocupaciones. Nadie puede ser tan malvado y me horrorizaba saber lo que llegué a pensar de ella. ¡Con todo lo que me había aguantado con el tema de irme y lo descontento que estaba en la empresa de mi padre!

Lo único que seguía igual con María era la ausencia del fuego intenso del amor. La miraba a los ojos y sabía que había algo inerme en mi alma con respecto a ella. Qué pena no saber lo que era. Y más, con todos lo problemas que estábamos teniendo por mi culpa. Además de la supuesta boda que íbamos a celebrar en breve y la inminente compra del piso. Yo sé que no tenía un pelo de tonta y que sabía perfectamente que lo nuestro ya no era lo mismo desde hacía tiempo. Tal vez quería darnos una oportunidad. El caso es que yo sí que quería hacerlo. Se merecía eso y mucho más. La última noche que estuvo aquí hablamos del tema por encima:

-Sabes que te quiero, ¿verdad?

-Pues claro, aunque últimamente no parece que me tengas muy en cuenta. Has tomado tu propio camino y no sé si yo formo parte de tus planes.

-Sabes que sí. Es cierto que parecerá que haya perdido la cabeza y haga cosas un poco raras a los ojos de los demás, pero nunca pensé en estropear lo nuestro. Hace tiempo que te descuido y quiero cambiar. Sin ni siquiera estar casados ya parecemos un matrimonio. Has estado junto a mí en lo bueno y en lo malo y siempre me apoyaste. Incluso cuando parecía que dejé de amarte.

-Lo sé. Si hablamos con franqueza. He pensado varias veces que no llegaríamos a nada. Te veía apático. No sólo con la vida sino conmigo y todo lo que yo quiero para nosotros. Fíjate en la cantidad de peleas que tenemos. Y la cantidad que no tenemos. Porque ambos callamos y nos cuesta hablar. A veces nos tiramos horas sin hablarnos, cuando después de todo el día sin vernos deberíamos contarnos algo. Sabes, hasta en la cama hemos cambiado. Antes nos amábamos, ahora tengo la sensación de que sólo nos desahogamos. Y eso puede pasar, lo que no es normal es que sea casi siempre. Tengo ganas de quererte, pero me tienes que dejar. Tengo que confesarte que últimamente había tenido la sensación de sentirme atraída por otros hombre. ¡No te preocupes! Nadie en concreto, pero es el hecho. Aunque sé el porqué.

-¿Desde cuándo te ocurre eso?

-Desde hace un tiempo. No tiene importancia. Sabes que no podría acostarme con nadie estando contigo. Lo que de verdad importa es que tal vez sea desde que tú sólo piensas en ti mismo. Me refiero a algo tan simple como la compra del piso. Te da igual, y no debería. Será nuestro hogar, no sólo una inversión. Sin olvidarme de la chica que trabajaba en tu empresa. Qué tranquila me quedé cuando se fue. Me molestaba su forma de mirarte. Además de que también le seguías un poco el rollo. Estuve celosa bastante tiempo hasta que me di cuenta de que serías incapaz de hacerme algo así.

Miré hacia el suelo. Luego los cuatro muebles que poblaban la habitación. La miré a los ojos y volví a tener la sensación de vacío en mi interior. ¡Nada! Cómo podía hacerle entender que sabía que ya no nos queríamos, o tal vez yo a ella, pero que estaba dispuesto a intentarlo todo. Que lo de las otras era una estupidez. Lo que sabía que era una tontería. Una vez se lo contase me dejaría. ¿Pero cómo empezar bien si partía de una mentira?

-Mira… Me alegro de que no te preocupases. Es absurdo. Sabes que te lo contaría. La confianza lo es todo.

Tras decir eso me derrumbé en mi interior. La volví a mirar a los ojos y supe que la estaba perdiendo, porque antes ya me había perdido yo.

-Está bien.

-¿Y que hacemos ahora?

-Lo primero que tendría que hacer es escucharte más. Además de no callarme las cosas. Sólo empeora las cosas...

Volví a sentir un frío helado en mi interior.

-De acuerdo. Empezaré por lo de que dudas en casarte conmigo. Sé que siempre has pensado en lo del piso como una inversión. Pero lo de la boda es algo más serio. Se trata de algo más que un compromiso ante Dios. Esto te extrañará viniendo de mí, pero ¿sabes cuánto dinero y molestias supone organizar todo? Los invitados, el sitio, nuestros padres... Ya sé que mi madre tiene mucha ilusión, pero la que se casará contigo soy yo. Quiero que lo nuestro funcione y no ser un divorcio anunciado como tantos otros. Mira, antes había que aparentar, ahora sólo se hace porque de verdad se quiere a alguien. Es por nosotros, no por nadie más.

-Quiero casarme. Bueno… Tal vez no sea la ilusión de mi vida ni le encuentre el significado religioso que tú le das. Pero lo que es verdad es que creo en el matrimonio como compromiso. Y las ventajas legales de casarse son evidentes. Ahora, no lo haría si no estuviese seguro… Lo cierto es que no lo estoy…

Una cascada de sentimientos brotaron en mi interior y supe que ese era el camino para sentirme mejor. La sinceridad con ella y conmigo.

-Me parece bien. No hay prisa. La iglesia y todo lo demás pueden esperar. Lo importante es que estés seguro. Lo mejor será que empecemos poco a poco durante un tiempo y hablamos las cosas con tranquilidad. Luego ya veremos. Te repito que lo importante somos nosotros, no los demás. Hay que descubrir quién es el inquilino de nuestro corazón en estos momentos.

-Vale. A partir de ahora vamos a dedicarnos más palabras y más atención.

Aquella noche hicimos el amor. Realmente fue amor o su búsqueda. Cuando se fue me sentí aliviado. Algo más que de costumbre porque por fin empezábamos a sincerarnos. Me asustaba la idea de una vida fingiendo escucharla mientras pensaba en el tiempo que hacía o por qué aquella señora llevaba un tinte horrible y aquel perro no dejaba de ladrar.

Del papel a la realidad

Soy un apasionado de las verdades desde que me fui de mi casa. Es como si me hubiese vuelto más sincero, ¿será que me siento mejor conmigo mismo y se traduce de esa extraña manera?

Harto de fingir con María. Llegué a pensar que la mentira de mis amantes terminaría por destruir lo poco que quedaba de nuestro amor. Pero ya era inevitable. Tenía que seguir ocultando todo aquello por nuestro bien. Así que cuando lo dejamos no pude más que aliviarme. Al principio me sentí como una rata. Luego supe que se merecía saber la verdad por todo lo que vivimos juntos. Después de todo era mi amiga, por lo menos.

Fue culpa de la Biblia y del amor que ella le procesaba a Dios. Una de las cosas que quise cambiar fue la de conocerla mejor e implicarme más en lo que a ella le gustaba. A los pocos días de la conversación en mi casa me envió una carta de amor. Terminaba con un versículo de la Biblia. Como muestra de buenas intenciones decidí escribirle otra a ella y le añadí otro versículo, tras comprobar qué decía el suyo. Comenzamos una especie de conversación con los versículos. Yo seguía creyendo igual de poco en Dios y en la Biblia, pero María pensaba que por una vez había conseguido que la leyese.

Empezó a gustarme tanto que lo hacía casi a diario. Ella no sabía que apenas la leía. Sólo buscaba la frase adecuada para responder a su versículo. Reconozco que con aquel juego terminé leyendo bastantes partes. Cosa de lo que tampoco me arrepiento, es el libro más leído de todos los tiempos. Tanto por creyentes, como por los que no lo son.

Durante dos semanas busqué afanosamente en el santo libro cientos de versículos. Era como jugar con claves. Hasta que llegó mi gran error. Uno de los días, después de depositar una carta en su buzón me llamó para quedar. Me explicó que le encantaba este jueguecito, pero que tuviese cuidado con las citas que elegía. Que no sólo se trataba del versículo concreto, que muchas veces descontextualizaba las frases. Aún así, le parecía muy gracioso y le gustaba saber que me había vuelto un poco más cristiano que antes. Que los caminos del señor son inescrutables y que lo importante es que ahora leía la Biblia. Lo interpretó como una buena señal para nosotros.

Después de unos días reflexioné sobre nuestra conversación para darme cuenta de que en realidad sí que era un libro santo. Creyese o no, había mucho de bondad en aquellas palabras. Así que busqué una cita y le escribí una pequeña carta hablándole del día que fuimos a un concierto en el campo de fútbol y nos perdimos para volver a encontrarnos justo en nuestra canción favorita. Desde aquel momento siempre tuvo un significado especial para nosotros. Después de recordarle la anécdota volví a hojear la Biblia y saqué una cita sobre la redención. Lo que nunca supuse fue el efecto que tendría. María se presentó en mi casa con cara de pocos amigos al día siguiente.

-¿Qué te pasa?

-¿Que qué me pasa? Dímelo tú. Adivina... La cita esa que buscaste de la Biblia es muy bonita. Pero creo que te has delatado tú solito. Ya es la sexta que sacas de esa parte y la historia es muy clara.

-¿De qué me hablas?

-Pues de lo de la redención. Llevo leyéndola toda mi vida y nadie hubiese recurrido a tantas frase de ahí por nada.

-Estás un poco paranoica, ¿no crees?

-Tal vez…

Su cara se entristeció del todo y mirando hacia el suelo confesó.

-Hace un par de semanas que uno de mis compañeros de departamento insiste para tomarnos algo juntos. Te lo quería contar, aunque no encontraba la forma.

-Ya te ha ocurrido algo parecido. Dile que tienes novio y ya está. ¿Cuál es el problema?

-Pues que me lo estoy pensando. Es ahora cuando más tienes que demostrarme lo que me quieres y te importo. Ya estoy dudando hasta de mí.

En aquel momento supe lo injusto que había sido con ella todo el tiempo que la engañé. La pobre todavía no había hecho nada y ya me lo estaba confesando. Cuando alguien es bueno no puede evitarlo. Sabía que se trataba de algo más, era el hecho de planteárselo.

Quizás me turbé, tal vez supiese que debía haberlo hecho antes, pero le conté sin más lo de Susana. No me dejó ni terminar. Nadie la había hecho sentir más tonta en su vida. Al irse discerní que cuando uno oculta algo así, asume que será para siempre. También que María se merecía a alguien mejor que yo. Alguien que tuviese un corazón más limpio que el mío. Lo peor es que siempre supe que sucedería lo que estaba ocurriendo.

El roedor

Desde lo de María todo cambió. Incluso su madre me llamó para ponerme a parir. Por supuesto, supe de ella después de una semana. Me envió una carta. Había retirado la mitad del dinero de la cuenta corriente que teníamos en común. El resto del dinero era mío. No quería volver a saber de mí, ni que me acercase más por su casa o la esperase en la puerta de su facultad. Me había visto y quería dejar de salir siempre por la puerta de atrás. Me eximía de toda culpa arguyendo que ése tenía que ser nuestro destino. Y por último, lo infantil que era y lo mal que me estaba comportando con ella y mi familia. Que Dios me perdonaría, pero que tal vez ella no.

Después de lo sucedido admití que mi vida había cambiado por completo. Ahora no podía decir que no haría esto o lo otro porque estaba atado a nadie. Aún así decidí seguir con mi vida actual. No me sentía con fuerzas como para volver a empezar en otro sitio. Tal vez más adelante y cuando tuviese más dinero. Tenía que asentarme y descubrirme todavía un poco más.

Siempre me fascinó explorar mi parte animal. Aquella que domina los instintos más oscuros y siempre está por debajo de las ideas racionales. Empecé a trabajar, comer y dormir. Sólo hacía eso. Ni tan siquiera tenía ganas de relacionarme con nadie. Ya lo hacía con cientos de personas a diario. Me sentía como un hámster. Mi primo pequeño tenía uno y ese pequeño roedor enjaulado parecía hacer siempre lo mismo: dormir, comer y luego a la rueda. Y así todos los días. Una rutina continua a la que creo que nunca se terminaba de acostumbrar, ya que intentaba escapar cada noche. En mi caso, estaba disfrutando de esa rutina, sabiendo que algún día yo también intentaría escapar de todo aquello. De momento me bastaba con ser independiente, pero sabía que mis ideas sobre la riqueza y el devenir pronto me harían cambiar de forma de vida.

Los viernes era el día de la visita. Iba a mi casa y hablaba con mis padres. Mis abuelos también venían, de vez en cuando, junto a mis tíos y mi primo. La diferencia con las reuniones de antes era abismal. Cada vez nos llevábamos mejor, pasábamos riendo casi todo el rato. Claro está que no iba todos los viernes, pero tampoco pasaba nada. Mi madre me llamaba y no insistía. De hecho, mi padre también me llamaba algunas veces para ayudarle a llevar un mueble a la casa o hacer algo en el ordenador de la empresa. Pero siempre sin presiones. Como hijo, tomé la actitud de ayudarles. Cada vez eran más mayores y había cosas que les costaban más trabajo hacer que antes.

Me acostumbré a llegar a casa y ver la tele mientras cenaba. Cocinaba cualquier cosa para salir del paso. Mi madre creía que incluso tenía un menú muy variado pegado en un papel en la cocina para acordarme de comer de todo. Por supuesto, ya sólo comía lo que quería y la cantidad que me apetecía. Había inventado el *menú express*, pasta con cualquier cosa: atún, paté, huevo, etc. Así conseguía una dieta equilibrada. Había perdido unos kilos que me sobraban, pero tenía mucha energía. Pero lo que me encantaba eran los desayunos y las comidas, que si coincidían con mi horario de trabajo aprovechaba para tomar en el bar. Normalmente el cocinero nos preparaba algo o yo lo cogía directamente. A fin de mes notaba bastante el ahorro en comida.

Me gustaba la rutina. Era mi vida, en la que yo decidía qué haría. Carecía de importancia comer lo mismo todos los días. Había conseguido permanecer tranquilo en un lugar y la imperiosa necesidad de salir corriendo, estaba allí porque quería. Mis compañeros ayudaban bastante a ello. Los dos estaban muy centrados, quizás el más alocado era Juan Carlos. Según me contó, tuvo las cosas difíciles. Nació en una familia muy humilde. Eran cuatro hermanos y su madre murió cuando él era muy pequeño. Su padre trabajaba en una fábrica de cerveza vigilando las máquinas de embotellado. "Un trabajo digno", me decía. Aunque el sueldo no les daba para mucho. Él era el menor y así aprendió a comer muy rápido, si no lo hacía le dejaban sin comida. Sus hermanos mayores se pusieron a trabajar muy pronto y ninguno de ellos, incluido él, llegaron a la universidad. Cada cual había hecho lo que había podido. Uno era basurero, el otro estaba en una inmobiliaria y el que iba por encima de él había conseguido montar un bar en el que Juan Carlos también trabajaba. Una noche me explicó que la suerte había querido que ninguno de ellos terminase mal, en un barrio tan difícil era fácil caer en tentaciones, pero que tendrían que haber estudiado. Juan Carlos quería meterse en la universidad a distancia para estudiar turismo. Le hacía ilusión ser universitario y a su padre que aún vivía también. Con él aprendí que la vida es el presente. Y que no hay que olvidar de donde proviene uno para ser mejor y llegar más lejos. Sólo tenía 25 años y parecía que tuviese el doble. Hablaba como un sabio al que la vida le había enseñado más que cualquier universidad.

Juan Carlos también tenía sus rutinas, que a veces se veían alteradas por sus pequeñas juergas o escarceos amorosos. Era un don Juan. Muy noble y con un gran corazón. Veía el amor como un regalo de la vida y obviaba la existencia del mañana. Tenía muy claro que las mujeres eran muy volubles. Una materia muy difícil de manejar con la que prefería dejarse llevar. Esa era su solución. Para qué comerse la cabeza con cosas absurdas y banales. Yo le decía que se había resignado a abandonarse, por lo que nunca tendría el control de la situación. Y el me respondía que era yo el que quería controlar algo incontrolable y perdía el rumbo de todo.

Mis días pasaban entre conversaciones sobre el amor, el trabajo… Pero había entendido que prefería ser un hámster feliz que un potro salvaje sin rumbo. Alguien me dijo una vez que la rutina no es mala. Crea hábitos y sobre todo es buena para la salud mental. Ahora entendía el porqué. Una mente debe estar ocupada en cosas y tener el tiempo justo para filosofar. Si no te vuelves loco. Caes en el error de plantearte absurdas cuestiones a las que nunca conseguirás dar respuesta. Y lo peor de todo: encuentres o no la respuesta a esas preguntas, te servirán de poco porque son insustanciales.

Quedamos para salir al día siguiente a la conversación con Juan Carlos. Estábamos de acuerdo en que había que despejarse un poco, aunque serían ellos los que escogiesen los sitios. Tenían amigos por todos los bares de la ciudad y aseguraban que no pagaríamos ni una copa. Fue difícil cuadrar un día en que todos pudiésemos, pero merecía la pena. Nos vestimos prácticamente igual que cuando íbamos a trabajar: pantalón, camisa y zapatos negros. Ninguno tenía pareja en esos momentos y esperábamos encontrarnos a las clientas a las que nunca les podíamos decir nada porque estábamos trabajando.

Nada más llegar al centro empezaron a invitarnos en todos los bares. Cuando salimos del tercero ya no podíamos mantenernos en pie. Y todavía no habíamos hablado con ninguna chica, exceptuando las camareras. Creo que fue en el bar de un amigo de Juan Carlos donde nos dieron la puntilla final. Unos chupitos de tequila con whisky y para casa. Al salir por la puerta vi un grupo de chavales cantando en medio de la calle, al tiempo que cortaban el paso a todo el que pasaba. Calderón no tardó en decirles que se apartasen y al ver que también nos cortaban el paso les dijo que eran unos cabrones. Después, recuerdo que alguien nos chocó las cabezas a Juan Carlos y a mí. Cuando reaccioné, Calderón estaba tirado en medio de la calle. Le habían dado un par de puñetazos y patadas entre varios. Por un momento nos asustamos porque no respondía. Estaba inconsciente. Lo zarandeé durante un rato y ni se inmutó. Mi camisa estaba ensangrentada. De mi ceja manaba sangre a borbotones e intenté cortar la hemorragia con unos pañuelos de papel. Calderón seguía sin responder. Juan Carlos también estaba tumbado en el suelo, aunque era el que parecía mejor. Nuestros agresores habían huido. Alcé la mirada más lejos y vi una patrulla de la policía que había visto todo el incidente. Los miré mientras los llamaba. ¿Por qué no hicieron nada hasta que terminó la pelean? Ni se acercaron. Al minuto llegó una ambulancia en la que nos metieron a los tres. Calderón empezaba a reaccionar.

Llegamos a la casa sobre las siete de la mañana. Tenía cuatro puntos en la ceja y lo de Calderón sólo se quedó en un desvanecimiento. Nos sentamos en el salón un momento para reflexionar sobre lo que había pasado mientras nos bebíamos la última copa. Calderón empezó a mirar mi ceja y la pinta que Juan Carlos y yo teníamos, esbozó una leve sonrisa y provocó una carcajada en los tres. Estuvimos riéndonos durante 20 minutos pensando en cómo había terminado la noche. Por suerte podíamos reírnos recordando lo sucedido.

11 de junio de 2005 a las 6 de la mañana

El día de la pelea estuvimos un buen rato en la cafetería del hospital. Esperábamos a Calderón. La paliza que le propinaron merecía unas cuantas pruebas más que a nosotros para asegurarse de que estaba bien. El desmayo que sufrió durante la agresión me asustó mucho. Nunca había visto nada igual frente a mí. De nada le sirvió ser el hombre que mejor se había portado conmigo en los últimos meses. Nadie le preguntó si tenía familia o por qué después de tanto tiempo salía por la noche de juerga. Las patadas en su cabeza amartillarían para siempre la idea que ya tenía, más que formada, sobre la noche y sus peligros.

En la cafetería había gente de todo tipo. En su mayoría personas mayores que eran pacientes. Seguramente no podían dormir y bajaban a la cafetería para tomarse algo. Otros muchos eran familiares, se notaba por sus caras de tristeza y las

117

cábalas que hacían sobre el estado de sus seres queridos.

-Lo que más me jode es no haber sido capaz de soltarles una hostia.

-A mí también. Juan Carlos, si te digo la verdad, creo que ni me acuerdo de sus caras.

-Qué me vas a contar.

-Es la primera vez en mi vida que me dan una paliza como ésta. Encima fue como en las películas. Nos han estrellado al uno con el otro y ni nos enteramos. Mira que tienes la cabeza dura, ¡eh! No te has hecho nada. En cambio yo cuatro puntos.

-Ya me lo decía mi padre. Ese pedazo de cabeza te servirá para algo.

-¿No te pareció escuchar el nombre de Calderón a alguno de ellos?

-Qué va. Cómo lo iban a saber. De todos modos le preguntaremos a ver qué dice.

-No me lo puedo creer. La policía ha pasado de nosotros olímpicamente.

-Tienen mejores cosas que hacer. Si son funcionarios. ¿Tú crees que se van a arriesgar a que les toquen? Han esperado a que terminase todo, mientras llegaba la ambulancia. Para eso están. Sólo para intimidar, y si no te intimidan, pues... La policía sólo sirve para los que tienen algo que perder. A menos que pagues una hipoteca, tengas unos ahorros o novia, o lo que sea, ¿qué más te da que te multen o te arresten? Encima, hay más de uno al que se le ha subido la placa a la cabeza y cree que es quien dicta las leyes. ¿Escuchaste la noticia del hombre que fue a poner una denuncia a una comisaría y la propia policía le pegó una paliza que lo mató?

-Mira, ahí tienes dos. Habrán venido a recoger a alguien. Menudas ratas del desierto. Anda que si me acordase de los que estaban allí, hasta les meto una denuncia.

-Fíjate en quién entra por la puerta, ¿esa es tu ex novia?

-Joder, María. Me cago en... Mejor vámonos fuera, prefiero que no me vea así. Lo único que me faltaba es que me diga que me lo tengo merecido por cabrón. Te aseguro que esa tía perdona pero no olvida. Además, prefiero ahorrarle la satisfacción de verme hecho una mierda.

11 de junio de 2005 a las 6 de la mañana

¿Ahora como les digo yo a estos dos que los conocía? Podíamos habernos encontrado con cualquiera. Pero no, con los gilipollas del otro día que se fueron sin pagar. Por suerte Fran libraba… ¿Se acordará de la historia que le conté de los tíos que se fueron sin pagar? Estaban descontentos con el servicio que les dimos y después de varios cubatas tuvimos que echarlos. Luego cogieron y se fueron sin pagar. Menudos desgraciados. Uno trabajando para salir adelante y vienen unos capullos y… La verdad es que me amenazaron y todo, y no es la primera vez. Lo que les jodió fue que además de avisar a todos los camareros también llamé a la policía. Aún así se fueron si pagar. Mejor eso que una pelea allí. Pero tener que encontrármelos de marcha, totalmente borracho... Menos mal que apenas han tocado a los chavales, no me lo perdonaría. Todo el día dándoles discursitos sobre lo agresiva que está la gente, que la violencia es lo último, que por eso salgo tan poco.

-¿Quedan muchas pruebas de éstas?

-Espérese un momento hombre, que la tunda de patadas que le han dado no es ninguna tontería. Tendrá el pecho y las costillas amoratadas durante un buen tiempo. Esperemos que sólo sea superficial. Un par de pruebas más y para su casa. De momento todo va bien. ¿Conocía a los que le atacaron?

-Pues… La verdad es que sí. Los chavales con los que iba no lo saben. Soy camarero y el otro día unos niñatos se emborracharon donde trabajo y tuve que echarlos. Con la mala suerte de que me los he vuelto a encontrar. Al principio ni me reconocieron y justo cuando nos marchábamos saltó un enano que dijo a los demás que yo era el que los echó del bar. Uno de los cabrones hasta se acordaba de mi nombre. Sin darme cuenta empezaron a pegarme y con la borrachera no pude hacer nada.

Ya ves, lo dos chavales con los que iba son mis compañeros de piso. Iban hablando tan tranquilamente y sólo vi como se iban a por ellos. Por suerte sólo se ensañaron conmigo. Creo que todavía no saben ni lo que ha pasado.

-Uno intentando ganarse la vida como puede... Siempre hay imbéciles por ahí. Sin ir más lejos, a mi ya me han amenazado varias veces. Tengo muchos compañeros en las mismas condiciones. La gente se cree que uno quiere cargarse a sus familiares o que las pruebas se hacen mal y tarde.

-El mundo está lleno de gente que quiere sentirse parte de un plan urdido por el mismo diablo. Aunque tal vez sólo se trate de echarle la culpa a alguien. Desde luego no pudimos elegir peor día para salir. A uno de los chavales le han abierto una ceja, espero que no le hayan hecho un estropicio en la cara. Nosotros vivimos de nuestro aspecto.

-No se preocupe. Sólo han sido varios puntos.

-Es la primera y la última vez que salgo de marcha. Ya estoy mayor para estas cosas.

-Sus amigos me han dicho que le esperarían en la cafetería del hospital.

Calderón tardó poco en reunirse con sus amigos.

-Qué pasa tío. ¿Todo bien?

-De puta madre. Han dicho que estoy como un roble.

-Una pregunta, ¿tú conocías a esos payasos?

-Ni de coña. Era la primera vez que los veía en mi vida.

-Es que me pareció que uno te llamaba por tu nombre, supongo que lo imaginé.

-No los conocía de nada, pero te aseguro que como me los

cruce en mi camino los mato.

11 de junio de 2005 a las 6 de la mañana

-¿Ése es tu ex novio? ¿Al que dejaste y te estuvo esperando durante dos semanas en la puerta de la facultad?

-Pues sí. Lo último que me apetece es verlo. ¿Qué estará haciendo aquí? Encima como para decirle que vengo a tomarme la píldora del día después. Menuda mierda de preservativos que compraste. Con él no me pasó nunca.

-Pues no tiene muy buena cara. Mira, lleva una venda en la cabeza. A saber…

-El cabrón… Como me vea contigo seguro que piensa que estábamos liados de antes. Como él ya se traía sus historias con la fulana esa de su tienda.

-María, si no quieres saludarlo pasamos deprisa y seguro que ni se entera. Además, la sala de espera está un poco más adelante.

-Será lo mejor. No quiero ni dirigirle la palabra. Y lo nuestro fue a los pocos días de terminar con él. ¿Para qué se va a enterar?

-Te digo una cosa, me molesta que intentes disimular que estamos juntos. No tenemos nada que ocultar.

-No se trata de eso. Es que sé que me va a preguntar. Qué le digo, ¡qué nos hemos emborrachado y que al hacerlo en las escaleras de tu bloque se ha roto el condón! Seguro que lo primero que hace es correr a decírselo a sus padres y nuestros amigos. Al final tú sabes lo que pasa con estas historias, que la mala sería yo. Siempre se piensa que la mujer es la guarra y no a la que han toreado.

-¡Pues mira, ahora me apetece que lo saludemos! Que se entere él y todo el mundo. El lunes se lo digo a todos los del departamento. ¡Lo que me faltaba era tener que ocultarme yo también!

-Ni se te ocurra. ¿Qué pensarían los catedráticos?

-Pues que si se hubiesen podido acostar contigo antes que yo lo hubiesen hecho. ¡No me jodas, que les follen!

-No me jodas tú. Llevo mucho tiempo callándome miles de cosas como para que ahora vengas a fastidiarme la reputación que me he ganado a pulso.

-Desde luego eres la única que no te lo has montado con nadie de allí. Hasta ahora.

-Cállate que nos han llamado y quiero que terminemos con esto ya.

-Por lo menos le podemos decir al médico que estabas follando conmigo, ¿no?

María no dejaba de pensar que Fran estaba en la cafetería del hospital, aunque sobre todo porque le molestaba encontrárselo en aquella situación.

-¡Ves que rápido ha sido!

-Asómate. Si le ves todavía me avisas para cubrirme la cara con algo y que no me reconozca.

-Se están yendo. Míralos. Van con un tercero al que parece que le hubiesen dado una paliza.

-Pues esperamos unos minutos a que se vayan y ya está.

-Traeré el coche hasta la puerta. Para que luego digas que no te trato como a una reina.

-Sí, sí… Pues por poco no me haces también mamá antes de tiempo. Qué diría mi madre si me encontrase aquí.

-Que por lo menos no estás con el psicópata ése de tu ex novio, que estuvo esperándote a la puerta de la facultad durante dos semanas.

-Será un psicópata, pero aquí la que lo puede insultar soy yo que para eso era su novia.

Dejar o no dejar de fumar

El tabaco me está matando. Literalmente. Cada mañana me levanto tosiendo y con un mono brutal. Soy una especie de "yonky" de la nicotina. Mis padres y María me tenían acribillado con el tema. Que si es una muerte anunciada, que si ya mismo lo van a prohibir en todos los sitios, etc. Nunca les hacía caso, supongo que era por fastidiarles, pero cada vez conozco a más gente jodida por el tabaquito. Dicen que antiguamente sólo fumaba la gente adinerada, luego fueron las mujeres y ahora lo hace la clase obrera, será por aquello de que está menos cultivada y se enteran los últimos de los perjuicios de las sustancias. Sea como fuere, morir, mueren todos de la misma forma. Para colmo, mis compañeros no fuman y dicen que mi habitación huele a rallos. Así que llevo dos semanas dejándolo.

Fumo como un condenado a muerte hasta que me acuesto.

Como si fuese la última cajetilla que fumaré. Lo que pretendo es saturar mi cuerpo de nicotina y cuando me levante no necesite fumar de inmediato. Estoy seguro que si aguanto el primer día lo conseguiré. De momento me he sorprendido buscando a media noche algún bar abierto para matar estos nervios. Incluso he tirado varias cajetillas en la basura que hay frente del portal. Luego me levanto por la mañana y salgo del piso pensando que podría fumarme un cigarro, sólo uno para matar el mono, con lo que al final del día ya me he echado siete. Hoy sólo me fume tres, pero ha sido diferente. Estoy totalmente convencido de que lo tengo que dejar. Tengo miedo porque sé que esta noche no dormiré bien. Me despertaré entre sudores. Beberé agua he intentaré conciliar el sueño otra vez, sabiendo que con un cigarro terminaría todo mi sufrimiento. Al pensarlo me pongo en la situación y me trastorno todavía más. ¡Tal vez si quedo con algún amigo! Mentira, seguro que al final sólo es para tener una disculpa y poder echarle la culpa a alguien de que volví, o saber que no soy el único capullo que es incapaz de dejarlo.

El día de la paliza pasamos por la planta de oncología del hospital por casualidad. Daba pena. Sólo se oía toser a la gente. Lo malo fue cuando se nos acercó aquel hombre de unos 60 años para pedirnos un cigarro. Llevaba una máscara de oxígeno. Nos dijo que hasta nos lo compraba, que sus hijas y él sabían que se iba a morir. Qué más daba unos meses antes. Total, ya no tenía remedio. La escena me impactó. Por supuesto, le contestamos que acabábamos de fumarnos el último. Al tiempo que Juan Carlos me miraba como si yo también estuviese predestinado a lo mismo si seguía así. Pero como era muy prudente ni siquiera me sermoneó, me bastó con lo que leí en sus ojos.

Sé que mañana me inventaré alguna excusa. Lo sé. Por lo

menos tengo eso ganado, que vislumbro lo que sucederá. Al igual que reconozco que estoy contando las horas hasta acostarme, las que mañana tardaré en plantearme si realmente era el día para dejar de fumar o si un solo cigarro no hará que vuelva a caer.

Mis padres fumaron de jóvenes. Mis tíos también, incluso creo que mi abuelo. Eran otros tiempos. Ahora la gente no quiere que fumes en sus nuevas casas o sus coches olor a pino. Es muy respetable, pero qué coñazo. Eso sí, si lo dejo espero no ser uno de esos ex fumadores intolerantes.

Sólo han pasado diez minutos desde que decidí que ése era mi último cigarro y ya siento ansiedad. Me da igual si engordo unos kilos. El trabajo se encargará de mantenerme a raya. Lo que me extraña es cómo puedo aguantar sin fumar mientras trabajo y luego salir y volverme frenético hasta que consumo el primer cigarro.

Vale, ya lo tengo. Cuando piense en fumar recordaré aquel viejecito del hospital. Con todo lo que te puede ocurrir a diario… Si al final tendrán razón mis padres y María. Ya estoy nervioso de pensar en esta noche. Es ahora o nunca, todavía estoy a tiempo.

Las 12 en punto. Los ojos se me abren solos. Hoy duermo sin sábana ni nada. Ya estoy chorreando de sudor. Voy a colocarme una botellita de agua al lado de la cama por si acaso. Cada vez que tengas ganas de fumar, lingotazo de agua. Qué mierda llevará el tabaco que provoca en una persona esta adicción. ¿Y si mañana estoy hecho polvo para currar? ¡No! Que al final me veo yendo a la gasolinera… Qué triste si el colega supiese que sólo me he levantado para comprar tabaco. ¿Seré el único que hace esas chorradas?

Una noche entera dándole vueltas al coco. Sudando y bebiendo agua como un cabrón. Y eso que sólo lo dejé cinco horas antes de acostarme. Ahora sí que estoy enmonado. Qué bárbaro. Paso de chicles ni de historias, como vaya al kiosco me compro un cigarro suelto seguro. Fran, mira de frente y a la parada del autobús. Ni se te ocurra girar la cabeza. ¡Mira que fumar en la parada! A esa tía se le va la olla. Ahora vendrá el autobús y lo tirará por la mitad. Qué desperdicio. Yo a mi rollo, piensa en el viejo del hospital. Cuando llegue al curro nada de entrar en la cocina para ver si el cocinero se echa un cigarro en la parte de atrás conmigo. No se creerá que lo he dejado. Lo cierto es que me noto más despierto que de costumbre. Es evidente que la mierda que le meten también te adormila. Quizás sea por el mono tan grande que tengo. Creo que tampoco beberé alcohol durante un tiempo, así estaré en plenas facultades para decir que no. Mucha gente dice que volvió por culpa de unas copas.

La mañana ha ido bien. Ahora a comer como un león, el cafelito y a currar otra vez. Que como me pille por banda el cocinero termino en el callejón con él. Mejor ni le digo que lo he dejado porque me dará el coñazo. La gente es la hostia. Encima de que es jodido dejarlo dando por saco. La verdad es que yo soy el primero que lo he hecho más de una vez, pero bueno… Ahora sé la poca consideración que tenía. Lo mismo cuando vuelva me pongo el chándal y me voy a correr un rato. Así me sentiré como el culo y el malestar reafirmará la necesidad de seguir sin fumar. Joder, qué rápido he comido. Ahora tendré demasiado tiempo libre para que el cocinero me insista. Me echo el café y me pongo a hacer lo que sea. Con lo bien que sienta el cigarrito de después de comer. Nada, a joderse me han dicho. Voy a atender a esa mesa y así me distraigo.

-Hola, buenas tardes. Cuatro cafés solos. Una nube, dos con leche, y un expreso.

-¿La leche fría o caliente?

-El mío con leche fría. ¿Y el tuyo?

-El mío con leche caliente.

-¿Y la nube también con leche caliente, no?

-Sí, por favor.

¿Por qué todo el mundo toma el café de una forma distinta? El de la barba tiene pinta de fumar. Tiene los dientes amarillos. Seguro que fuma a muerte. A este grupo los conozco. Son los de las oficinas de ahí enfrente. Serán los de la aseguradora. ¿Tendrán hecho un seguro de vida? El de la barba seguro, con la edad que tiene y lo que fuma. No obstante, mis compañeros y yo somos camareros, y la cafetera de casa da pena. La mitad de las veces nos hacemos café soluble en el microondas. Por no hablar que desde que vivo con ellos nunca nos hemos hecho para desayunar ni tostadas, ni beicon, ni huevos, ni un triste croissant.

-¿El expreso?

-Para mí.

-Los cuatro solos.

-Dos para nosotras.

-Otro para mí.

-Y para mí.

Para qué me molesto en no fumar si coge la tía y me echa todo el humo en la cara.

-Y lo que falta para vosotros, ¿no?

-Pon aquí la nube. Los dos con leche son para ellos.

Menos mal que ahora tampoco follo. Porque lo del café tiene un pase, pero el cigarrito de después de hacerlo. María lo hubiese flipado, siempre diciendo que fumaba después de hacerlo porque no me había gustado. Esas son las cosas que leen las mujeres en las revistas de cotilleos. El próximo día voy a comprar una para hincharnos de reír en casa.

Bueno, la tarde no estuvo mal. Con la cara de mala hostia que tengo y hasta me han dejado propina. Mira que he sido borde. Hasta Calderón se dio cuenta de que me pasaba algo y me ha preguntado. Si bien me lo gané al momento, como él es el primero que me dijo que tenía que dejar de fumar.

Por ahora lo llevo bien. Estoy alterado y a mil, pero no estoy fumando. Lo bueno de no tener demasiada confianza con mis compañeros es que sé que no tienen por qué aguantarme y controlaré mi genio. Cuando llegue me pongo el chándal y salgo a darme una vuelta.

Cabeza de lagartija

La suerte. Qué es la suerte. El otro día me paró una gitana por la calle y me dijo que me leería la mano. Le tendría que pagar. Sabía perfectamente que se dedicaban a sacarles el dinero a los turistas. Iba con prisa, pero por primera vez en mi vida me paré tras decirme que no me cobraría. Al final me soltó que tendría varios hijos, buena salud y lo típico de que haría algún papeleo. Lo único que me sorprendió fue que ese día recibiría una llamada inesperada con consecuencias positivas. Después intentó cobrarme. Regateé con ella y le di la mitad de lo que pedía, tras objetarle que sólo le daba el dinero porque quería, que yo no creía en esas cosas y que no era un guiri.

Todo el día mirando el móvil, ése fue el precio que tuve que pagar. Evidentemente no creía es esas cosas, pero siempre queda el y si… A eso de las tres de la tarde recibí una llamada. Estaba comiendo en la cocina del bar y di un salto que dejó perplejos al resto de comensales. Era mi madre para saber si podía ayudar a mis tíos a mover unos muebles que tenían en la casa y que querían tirar a la basura. La siguiente llamada fue sobre las nueve de la noche. Ya casi se me había olvidado, por lo que me lo tomé con más calma: mis tíos, para confirmar lo de los muebles.

Pero fue cuando llegué a mi calle de toda la vida cuando descubrí a un niño intentando cazar una lagartija con un enorme palo. Le pregunté que para qué la quería. Respondió que las cabezas de lagartija traían suerte. Quería cazarla para degollarla y quedarse con la cabeza. Algo bastante macabro desde mi punto de vista. Pero qué le iba a decir, había estado todo el día esperando la supuesta llamada de la suerte. Lo miré con cara de comprensión absurda y le comenté: "Tú mismo, pero eso de decapitarla será un poco asqueroso, ¿no?". Él asintió, aunque parecía desear mucho algún tipo de suerte para algo. Se me olvidó preguntarle para qué. Y yo, para qué quería

una llamada que me trajese suerte. ¿De quién? ¿Para qué?

Cuando llegué a casa descubrí a mis compañeros mirando el

cielo por la ventana. Estaban buscando estrellas fugaces. A

Calderón le habían echado mal de ojo esa misma mañana unas

gitanas porque se enfrentó a ellas para que le dejasen tranquilo

con lo de leerle la mano. Hasta que no encontró una estrella

fugaz, con la que supongo que pidió librarse del mal de ojo, por

si acaso, no paró. Fui incapaz de decirle que a mi sí que me la

habían leído. Nada más apartarse del quicio de la ventana me

asomé y volví a ver al niño de la calle intentando cazar una

lagartija.

Ya casi eran las 11 de la noche cuando sonó el telefonillo de la

calle. Me levanté para cogerlo y me respondió la voz del niño.

-¿Ahí vive el hombre que siempre va vestido de negro y es

muy alto?

Supuse que se refería al uniforme negro que me ponía todos los días para ir a trabajar.

-Sí, soy yo. ¿Quién quieres?

-¿Puede bajar un momento? Es que mi mamá no me deja que vaya a casa de extraños, pero tengo algo para usted. ¿Puede bajar?

Cuando llegué al portal ya no tenía el palo. Me explicó que ya había realizado su trabajo. Cazó varias lagartijas porque su mamá estaba en el hospital y le había prometido a Dios que debía hacer algo bueno por varias personas. Vio en la tele que los indios se colgaban cabezas de lagartijas para que les diese suerte. Ya había regalado un par a varios amigos, pero los mayores de la calle no querían la cabeza. Extendió su pequeña mano ensangrentada y me ofreció la cabeza de lagartija. Era lo más hermoso que había oído nunca, a pesar de lo repulsivo de la imagen de la cabeza degollada. Ésta era la séptima lagartija que ofrecía para que su mamá se pusiese buena. Tomé la cabeza y le aseguré que no cabía duda de que así sería.

Abrí la puerta con la cabeza en la mano. Mis compañeros no daban crédito hasta que les expliqué la historia que me había contado el chiquillo. Y que una gitana me aseguró que tendría una llamada importante. Calderón se quedó blanco, mientras recordaba que ya había pedido un deseo que cualquiera hubiese acertado. Les dije que todo era un cúmulo de coincidencias. Lo de la llamada, lo de la mano y la lagartija. Eran unos exagerados. No me dijo nada, aunque creo que cambió hasta de camino para ir al trabajo. Supongo que lo que más miedo nos da es lo desconocido, lo que no podemos ver ni imaginar. Yo guardé la cabeza de la lagartija en un bote. No por la suerte, sino para que me recordase que cuando necesitas creer en algo porque ya no hay más esperanzas que lo imposible, podemos aferrarnos a lo que sea. Es lícito si nos sirve para aliviarnos, qué malo tiene. Mientras al niño no se le ocurriese regalar cabezas de humanos.

El suicidio de las ilusiones

-Me tienes que hacer un favor.

-Dime.

-Es relacionado con el curro. El jefe organiza esta noche el cumpleaños de su hija pequeña y necesita que vayan dos camareros. Yo no puedo porque tengo el turno de la mañana. Pero tú tienes el de la tarde. Te pagará más por ser algo especial. Es que me avisó hace un par horas y lo acabo de organizar.

-Hoy tuve el turno de tarde y estaré reventado.

-Te quito el turno de mañana. ¡Hazme el favor, anda!

-Venga. ¿A qué hora estoy allí?

-Sobre las 10.30. Cerrará el bar para sus amigos. Los cocineros

147

han dejado todo preparado para servir. Ponles los platos y lo que te pidan de beber. Total, seguro que te despachan pronto. Al final os quedáis un rato para recoger y ya está.

Lo malo de vivir con tu jefe es que no puedes decir nunca que no, sobre todo cuando te trata tan bien y te ha hecho tantos favores. El cabrón de Juan Carlos estaba descojonado, las cosas hay que tomárselas siempre con humor. La verdad es que tuvo gracia cuando le dije desde el ascensor a Calderón que era un negrero, también se partió de risa.

Hoy he ganado un par de puntos con el dueño. Eran muy pocos y han dado escasos problemas. Los niños se han comportado regular, pero a medida que se iba haciendo tarde y estaban cansados se tranquilizaron. ¡Bueno, pues ya está todo recogido! Han aguantado poco, a las dos de la mañana ya no quedaba nadie. Mañana, viernes de descanso. Aprovecharé para hacer algunos recados y comprarme otros vaqueros. A ver si engancho a alguien para que me acompañe. ¡El último plato, echo la llave y me piro! Me tengo que acordar de dejarle a Calderón las llaves del bar en la mesa de la cocina de casa.

El autobús nocturno es un coñazo. Tendré que esperar hasta las tres en punto que es a la hora que pasa el siguiente. Si por lo menos fumase estaría entretenido. ¿Pero que hace la gilipollas esa tirada en medio de la carretera? Yo lo flipo, llega y se tumba ahí en medio como si nada.

-¡Eh, qué te van a pillar un coche!

De repente vi acercarse a toda velocidad las luces de un vehículo mientras la chica permanecía inmóvil allí tumbada. Corrí hacía ella y la cogí de un brazo. Tiré de ella con tanta fuerza que me importó un bledo que se golpease con el bordillo en la cabeza al sacarla de la carretera. Estaba tirada después de una curva y el coche la hubiera pisoteado.

-¿A ti que te pasa niña, eres tonta o qué?

-¡Déjame tranquila!

Sin inmutarse se levantó e intentó tirarse otra vez a la carretera. Pero esta vez ni dejé que bajase de la acera. La cogí del brazo y la empujé con todas mis fuerzas contra un arbusto. Acto seguido le bloqueé el paso mientras la sujetaba de los hombros.

-¿Pero qué coño te pasa? ¡Eres una niña! ¿Te quieres suicidar? Pues delante de mi ni se te ocurra. ¡Te vas a otro sitio donde yo no te vea!

-¡Es que la vida es una mierda!

-¡No me jodas! Hoy he trabajado 12 horas, ¿y me dices que la vida es una mierda? Tú no sabes lo que es la vida. Hay que echarle muchos huevos. Lo fácil es eso, tirarse a una carretera y abandonarlo todo. ¡Anda y vete a tu casa a ver si se te pasa la borrachera!

-¡Suéltame cabrón! ¡Voy a llamar a la policía, tú no eres mi padre!

-¡Qué te quedes quieta! Como no te tranquilices no te suelto y como te pongas muy tonta el que la voy a llamar soy yo. ¿Tú sabes lo que le podría caer al que te atropellase? Qué pena. Qué pasa, ¿no tienes familia ni novio? Te has peleado con él y la niña coge y se tirar a la carretera.

-No tienes ni idea. No me conoces de nada. Qué me sueltes…

-Te digo una cosa. Como te vuelvas a acercar a la carretera te saco del asfalto a hostias.

-¡Vale, pero deja que me vaya! ¿Es que no me puedo ni suicidar?

-¡Delante de mi, no! ¿Pero por qué quieres matarte? Eres muy pequeña, te queda mucho por ver.

-Es que…

Tras mirarme fijamente a los ojos sin saber que decir se puso a llorar. La solté y se fue andando por la acera sin prescribir nada, dejando caer un papel. Era una niña o eso parecía. La típica rubia extranjera, aunque hablaba muy bien español. Cuando se perdió entre las sombras de la noche me dirigí otra vez a la parada del autobús. Sin saber por qué volví hasta el seto y recogí el papel del suelo. Había dibujado algo que fui incapaz de descifrar. Me pasé todo el camino de vuelta mirándolo. Lo guardé y pensé que ya había hecho mi buena obra del día. ¡Qué pena, con lo guapa que era!

Soltero con compromiso

No dejo de pensar en la loca de ayer. La gente está fatal. A saber por qué le dio por ahí. Anda que el dibujo. Me gusta, pero qué significa. El arte es muy personal. Cada cual expresa pensamientos interiores intentando no ser iguales a los de los demás. Estoy convencido de que ahí reside la originalidad, pero ¿qué pasa cuando sus pensamientos viajan paralelos al del resto de la humanidad? ¿Llega alguien un día que también es capaz de descifrar que se trata de algo único, que a pesar de que esa obra no sea una copia de lo establecido como bueno, y que posee una idea interesante o bella como para que le guste a la mayoría? Me imagino cómo sería que la descubriesen y expusiese en Nueva York, la cuna del arte. Entonces contaría que su obra había llegado al mundo gracias a un extraño que la salvó de la muerte. Lo contaría sin lugar a dudas, los artistas son unos bohemios y unos descarados. Aunque no conozco a ninguno, exceptuando a un amigo que pintaba y su madre le había hecho su propia galería de arte en el salón de casa. ¿Cuántos artistas habrá así? Creo que no hay nadie que no tenga algo que aportar al mundo. Es imposible que exista gente completamente vacía. Sin ninguna idea insólita. Es difícil innovar después de tantos años de historia y, al igual que yo, puede que tu don no sea la creatividad. Pero qué guapa era la guiri. Eso debe influir en el mundo del arte. Con una cara así vendería hasta el dibujo de un niño. Tal vez sólo dibuje por placer. Quién sabe, lo mismo el dibujo ni era suyo. Pues si lo llego a ver antes de que se fuese le hubiese dicho que dibujaba muy bien, que por qué no perdía su tiempo en explotar esa faceta en vez de la suicida.

El cansancio me ha pasado factura. Soy incapaz de levantarme, llevo dando vueltas en la cama una hora y tengo que llamar a alguien para que me acompañe a comprar los vaqueros. Con lo cómodo que era quedar con María para todo. Como siempre aprovechaba para ir de tiendas también. Qué será de ella. La pobre. Estará hecha polvo y pensando que soy un hereje. Lo bueno es que tardará poco en encontrar pareja. Es guapa, lista, y pretendientes no le faltan. Esperará un tiempo hasta desenamorarse de mí. Parece que me lo tengo muy creído, pero incluso íbamos a casarnos. Las mujeres lo tienen más fácil, cuando menos lo espere me la encuentro con alguien. Yo, en cambio, voy a tirarme un buen tiempo sin estar con nadie. ¡Libertad! Qué estoy soltero. Se van a enterar las tías, voy a arrasar. Bueno, bueno… Con lo bien que estoy sólo. He tenido pareja demasiado tiempo, lo mejor que podría hacer es estar solo durante un buen período. Ahora podré conocerme mejor, en realidad es que lo estoy haciendo. Vale, a partir de ahora me mantendré casto y puro. Siempre y cuando ya no pueda más. Soy humano y la castidad tiene un límite.

-Hola Fredi, ¿que tal tu mañana? Seguro que igual que la mía, dándole vueltas al coco, ¿no? Qué remedio, es lo único que te queda. Las lagartijas tendrían que poder reproducir su cuerpo entero.

Menos mal que estoy solo en la casa. Me ven hablando con la cabeza de la lagartija y me encierran. Es que, o me lo tomo a cachondeo o cualquiera se queda con el bicho. Además, pobre niño. Hace unos días que no lo veo. Estará en el hospital con su madre. A ver si se pone bien. Menuda carnicería organizó el chaval.

¿Y a quién llamo ahora? Me voy a poner un buen desayuno y lo decido. Vaya horario, todo el mundo estará trabajando. Pues me voy yo solo y punto. También me tengo que acostumbrar a hacer todo lo que antes hacía acompañado, pero solo. Es parte de la soltería. Podría llamar a mi madre, aunque me sacaría de quicio. Con lo buenas que están las dependientas. Y si le digo que venga conmigo, en dos semanas la tengo metida en mi cuarto organizándome el armario. Con lo que la quiero y lo que le gusta estar metida en todos los saraos... Paso, me voy solo.

Están por todas partes. Hay mujeres guapas por todas las esquinas. Recuerda, castidad y pureza. No merece la pena un revolcón sin más. Ahora, que cuando crea que estoy preparado le digo algo a la hija de la vecina. Qué mirada me echó en el ascensor. Calderón dirá que es muy normalita, pero a mi me gusta. Parece buena niña. Y que forma de decirme adiós, mejor dicho, hasta luego. Aunque quiero creer que mas bien fue un ya nos veremos.

Me parece que iré a la tienda de la esquina. Al final terminaré en el centro comercial comprándome unos vaqueros de marca sin saber por qué cuestan el triple que los demás. La dueña de la tienda es amiga de mi madre. Como me vea me hará un interrogatorio y le dirá hasta si me han cogido los bajos o lo delgado que estoy; tampoco pasa nada, no para de decírmelo ella. De paso podría comprarme un cigarro suelto. Aunque mejor me olvido del tabaco.

Entré en la tienda y había una chica joven. Me atendió rápido porque no había nadie. En dos minutos ya tenía mis nuevos vaqueros. Me los tendrían en tres días. La chica es bastante amable, la dueña tiene buen ojo. Lo mismo es de su familia porque se dan un aire, pero a ver quien es el guapo que le dice a la chavala que si era familia de la dueña con lo mayor que está la mujer. Además, me conozco y soy capaz de decirle cualquier cosa. Me he portado como un caballero: casto y puro. Me he impresionado hasta a mí.

¿Y ahora? Voy a hacerle una visita a mi madre que seguro que está sola en la casa preparando la comida. Si la pillo a tiempo le digo que me quedo a comer.

Llamé al portal y no había nadie. Subí hasta el piso y nada. Llamé a casa de mi tía y me dijo que estaba haciendo la compra. Subí hasta mi antiguo cuartillo para cotillear a ver que habían hecho allí y seguía igual. Al poco apareció mi madre y enseguida me invitó a quedarme a comer. Le dije que sí y estuvimos hablando durante bastante rato sobre mi trabajo y de lo que me echaba de menos papá. Enseguida sacó el tema del dinero. Me ofreció algo por si me hacía falta. Le había dicho que me compré los vaqueros en la tienda de abajo y supuso que no me iban bien las cosas. Le expliqué que era María a la que le iba el rollo de las marcas, pero que yo pasaba del tema. Tampoco es que tuviese mucho dinero, la verdad, pero me aseguré de que pensase que no sabía ni en que gastármelo. Estaba intentando ahorrar algo, así que tampoco me daba para demasiados lujos. A lo que había que añadir el transporte y otros gastos extras.

Cuando llegó mi padre se llevó una sorpresa. Le expliqué que libraba porque el día anterior había hecho dos turnos, el último en una fiesta para la hija del jefe. Le gustó la idea de que me valorasen, aunque fuese un simple camarero. Sobre todo cuando le conté que encima me habían pagado más.

-¿Y de chicas qué tal? Anda que terminar con María, con lo buena que era.

-Papá, no era para mí. Hay mil niñas buenas por ahí, lo que pasa es que cuando se acaba el amor es irremediable. Imagina que después de celebrar la boda nos separamos.

-Pues sí, porque la boda hubiese salido por un dineral. Por cierto, ¿qué vas a hacer con el dinero del piso?

-Guardarlo. Es intocable. Con lo caro que está todo hoy en día he decidido hacer como si no existiera. De todos modos algún día me tendré que comprar uno. Por si acaso, ya sabéis que lo de tener familia me gusta y una buena casa es fundamental. Es lo que me habéis inculcado vosotros.

Mi padre pereció satisfecho. Y con razón, porque no lo dije por halagarlo. De verdad pensaba que era algo importante. Salí de casa de mis padres sobre las cuatro de la tarde. Fui directo a mi casa y me tomé un café con Juan Carlos. Le relaté como me había encontrado esa mañana con la hija de la vecina y lo buena que estaba. También le expliqué lo de mi castidad y no paró de reírse.

-Pues nada, ya no traigo a las gemelas. Una era para ti, pero como estás con el rollo ese. Tú sabrás. Por cierto, sabemos que hablas con la cabeza de la lagartija. ¿Fredi? Eso que es, ¿parte del celibato? Nos has tenido un par de días acojonados, pensábamos que hablabas solo y tuvimos que vigilarte cuando te dejabas la puerta entre abierta. ¿Y ese también va a pagar alquiler?

-¿Llegas tarde al curro verdad?

-Hasta luego y portaos bien. Fredi y tú.

En cuanto Juan Carlos se fue hice café y me tumbé frente al televisor. Puse el telediario y empecé a ver la información internacional. De repente me vinieron todas aquellas ideas de irme y viajar, descubrir qué había por ahí afuera y qué era capaz de aportar yo. Me preguntaba lo que me había pasado. Hacía bastante tiempo que no sentía la necesidad de irme. Aquel gusanillo que anidaba en cada una de mis ideas se había aletargado. Comprendí que ahora estaba demasiado ocupado en otras cosas para marcharme. Además, todavía no tenía el suficiente dinero como para plantearme el dejarlo todo y empezar de cero. Necesitaba un mínimo de dinero para aguantar donde fuese por si las cosas me iban mal.

Cuando me quise dar cuenta me estaba despertando. No

recordaba haber visto el final del telediario, pero la tele seguía encendida y ahora echaban un programa de sobremesa en el que una pareja se insultaba. Me levanté y decidí hacer algo productivo.

Terminaré de leer el libro que tengo en la mesita de noche. Cuando llegué a la última página de *Hijos de Torremolinos* acerté que cada cual tiene un destino, pero que cada uno lo vive a su manera. Hay quienes se imponen a los deseos de la vida y otros que simplemente forman parte de un todo del que ni si quieren pueden escapar… ¡La cena! Me parece que me haré un bocadillo y para la cama. Un viernes y al catre antes de media noche.

Estaba cansado y tenía pocas ganas de salir. Ahora marcaba yo mi destino e incluso era capaz de imponerme al horario que quién sabe nos impuso, hasta para divertirnos. Porque sea viernes no tengo que salir. Ya lo haré un martes o un miércoles. Seguro que quienes salen de juerga esos días son gente rara, impulsiva y hasta revolucionaria.

La barrera de coral

Llevaba dos semanas trabajando como un loco. Ahorrando hasta el último céntimo. No sabía cuánto dinero necesitaría, por eso quería llevarme de sobra. Unos 3.000 euros. Por ahora tenía sólo 950, una suma nada despreciable teniendo en cuenta que me privaba de pocas cosas. Sobre todo en lo que se refiere a cenas con los amigos, ir al cine, alquilarme películas, comprar música o libros, algún regalo que otro para la familia. Vamos, en lo primero que se me ocurriese, como la trilogía de "El Padrino".

-¡Perdona! Sí, tú.

Me pilló en las nubes. Intentaré disimular.

-Disculpe, estaba pensando en la cuenta de la otra mesa, ¿qué le pongo?

Entonces me percaté de que era ella. La chica a la que salvé del suicidio. No parecía acordarse de mí. Tampoco la ayude para que me lo agradeciera, sino porque era lo correcto. Además, aquella noche estaba completamente borracha. Lo importante es que estaba bien.

-Ponme un café con leche, por favor.

-Ahora se lo traigo.

Me fui directo hacia dentro. Mi estado de excitación era palpable porque la chica de la caja me preguntó si había visto a un fantasma. Le sonreí y le expliqué que a veces los fantasmas están vivitos y coleando. Lo que ya no entendió.

Me acerqué hasta ella, estaba sentada de espaldas mirando hacia la carretera en una de las mesas de la terraza más alejadas del bar. Le serví el café mientras intentaba mirarla disimuladamente. Cuando terminé me dio las gracias y me fui a recoger los vasos de la otra mesa.

Tenía unos 25 años. Pelo rubio platino y grandes ojos de color azul. Llevaba unos vaqueros gastados, una camiseta de tirantas rosa y una rebeca. Incluso me fije en sus curiosas sandalias de cuero. Parecía un poco *hippie*, pero sus modales la delataban. Era de buena familia. Se notaba en como cogía la taza y su forma de apartar la mirada de los ojos de la gente. Aunque esto último sería lo normal para ella por lo guapa y llamativa que era.

Estaba bastante nervioso. Deseaba preguntarle por qué había intentado suicidarse. Es de mala educación inmiscuirme en la vida de los demás y menos en la de una clienta. En el trabajo eran muy estrictos con el trato a los clientes y tenía miedo de que me montase un espectáculo. Lo mejor sería dejarlo estar. De repente se giró y me levantó la mano sin decir nada. Me acerqué lentamente y justo cuando estaba a su lado pensando que me pediría la cuenta, me preguntó si teníamos té verde. Le contesté que no.

-Pues tráeme otro café, por favor.

Volví a irme sin decir nada. Aquella situación me estaba matando. Le llevé el café, me volvió a dar las gracias y me fui. Esta vez se lo tomó con calma, tardó cerca de una hora en acabarse la taza. Sacó una libreta y se puso a dibujar. Al instante recordé el dibujo que me había llevado a casa. Tenía ganas de saber qué significaba o animarla a que se dedicase a la pintura profesionalmente. Cualquier cosa. Una de las tantas en las que pensé aquella noche cuando se marchó y ojeé perplejo el extraño dibujo. Pasé cerca varias veces para ver si conseguía distinguir en qué trazos perdía su tiempo. Utilizaba un lápiz muy gordo, como de carbón. A ratos se afanaba en siluetear su dibujo o expandir el carbón con el dedo. Cada cliente que me distraía de mi ritual de observación era un pretexto para hacerme notar. Ella parecía absorta en sus pensamientos y a penas levantaba la cabeza.

Al rato cerró el libro y volvió a llamarme con un gesto para pedirme la cuenta. Tardé un poco para ver si conseguía extraer de mi cerebro una frase ingeniosa, pero recordé que ahora no era el momento de ataduras ni historias con nadie. Era indudable que a parte de lo que nos ocurrió, sobre todo pensaba en lo guapa que era.

-Aquí tienes.

-Gracias.

Al llevarle el cambio me miró directamente a los ojos. Me estremecí de arriba abajo.

-¿Por casualidad no habrás visto un dibujo mío por ahí?

-¿Cómo? ¿Un dibujo?

-Sí, el que tiré al suelo la noche que nos conocimos. Me gustaba mucho. Era el animal vivo más grande del mundo, la Gran Barrera de Coral. ¿Sabes que puede distinguirse desde el espacio? ¡Tardaron años en descubrirla! De hecho tuvieron que encallar en ella para descubrirla. Igual que yo contigo.

Comenzó a reírse. Yo no sabía de qué me estaba hablando. Sabía que era un sitio con mucho coral, poco más que eso. Por lo menos ahora encontraba significado a aquel extraño dibujo que tenía pegado en la pared de mi cuarto.

-¿Bueno, lo tienes tú?

-La verdad es que sí. Lo tengo en mi casa.

-¿Por qué te lo llevaste? Aunque me da igual. Es mío, quiero que me lo devuelvas. Llevaba mucho tiempo dibujándolo.

En ese momento no tuve más remedio que acceder.

Estaba bloqueado y babeando. Me molestó el hecho de estar así, pero me daba igual que una chica guapa supiese que había otro tío más alucinando con ella.

-Si quieres quedamos otro día y te lo devuelvo.

-Trabajas casi todos los días aquí. Tráemelo mañana, vendré a eso de las tres.

-Tengo turno de mañana, a las dos ya me habré ido. Te puedo esperar y de paso nos tomamos algo.

-Déjalo, me pasaré antes.

Se levantó y me quedé con cara de tonto mirando su espalda, era una estúpida que ni siquiera quería tomarse un café conmigo. No por lo del dibujo, sino para hablar de su tentativa de suicidio. Cuando llevaba andado dos metros se giró bruscamente, indecisa, entreabrió sus labios y me dedicó un dulce: "Gracias". A lo que añadió: "Por lo de la carretera".

Reconozco que estuve el resto de la tarde en otro mundo. Deseaba documentarme sobre la Gran Barrera de Coral. Quién sabe si me estaba perdiendo el mayor tesoro del mundo sin saberlo. Tenía que ser espectacular. Quería ver una foto para averiguar si dibujaba bien, pero tal vez fuese una metáfora, no podía ser la copia de una foto desde un satélite. Mañana se lo preguntaría.

Cuando volví a mi casa estuve mucho rato mirando el dibujo. Busqué en Internet y las fotos eran distintas. Tenía que ser un dibujo surrealista o algo así. Después de un rato Calderón me preguntó si me pasaba algo. Le expliqué que sólo buscaba una metáfora. A lo que me respondió que se iba a dormir, a ver si él también la encontraba.

Una puta con whisky

Esperé a que apareciese. Toda la mañana. Me hacía preguntas absurdas sin contestación posible. Era extraño, estaba tan emocionado como un niño. Guardé el dibujo en uno de los bolsillos de la mochila que llevaba algunas veces al trabajo cuando no tenía ganas de salir vestido con el uniforme desde casa. Incluso lo metí en un sobre. Apenas estaba arrugado. Lo tuve varios días bajo un par de libros hasta que alisé los pliegues que ella le hizo al tirarlo. Las únicas marcas que tenía la hoja eran unos pequeños agujeros en sus cuatro puntas, causados por las chinchetas que le puse al colgarlo en la pared. Esperaba que no se diese cuenta de ese pequeño detalle. Creería que era un paranoico o algo peor. Encima de quedarme con su dibujo lo había colgado en mi cuarto.

La gente llegaba sin parar. Pero sólo esperaba a una persona. Aquella chica sin nombre. Desfilaba con la bandeja de arriba a bajo sin parar, siempre atento a una cabellera rubia. A medida que pasaban las horas pensé que tal vez apareciese al terminar mi turno para tomarnos algo. Los minutos pasaban inexorablemente sin rastro de ella. De repente vi a lo lejos una rubia con un traje de tirantas. Tenía que volver dentro para recoger una comanda. Intenté hacerme el sorprendido y disimular mi ansiedad. Me giré para poner los vasos en la bandeja y divisé una cabellera rubia. Cuando enfoqué mi vista sobre ella me percaté de que era una señora de unos 50 años con pinta de prostituta. Se sentó en uno de los bancos de la barra y se dirigió a una de las camareras. Le pidió una botella de *Jack Daniel's* y un vaso con hielo, mientras sacaba un billete de 100 euros. Todavía me quedaban dos horas para terminar el turno. Aunque aquella visión me perturbó, la había confundido con una vieja puta que lo más probable es que volviese de un motel. Ya me había encontrado con gente muy variopinta, por lo que tampoco me sorprendí sobremanera.

Un grupo de rubias pasó cerca del bar. Me asomé por si alguna de ellas era mi suicida. Podría venir con algunas amigas y lo más probable es que también fuesen extranjeras. Nada. Sólo un mar de cabellos sin nombre, ni rostro.

La mañana transcurría sin mayores altercados que los que yo imaginaba en mi cabeza cuando la creía ver. Mientras tanto, la puta de la barra se había bebido media botella. Cada vez más borracha iba perdiendo las formas. Llegó un momento en el que le dio igual el vaso con hielo y bebía a morro de la botella, al tiempo que enseñaba las bragas a medio local. La imagen era patética, pero mientras no se metiese con nadie y pagase no le podíamos decir nada. Hasta las prostitutas tienen categoría mientras tengan dinero.

-¿Qué edad tienes?

-29 años señora.

-¡Pero si eres un chaval! No tendrás ni novia. Soy una experta en detectarlo. La mayoría de los hombres que conozco están casados.

La pregunta de en qué trabajaba se me pasó por la cabeza, pero la ingenuidad era lo más elegante. Omití ese detalle e inventé una señal inexpresiva.

- Aborrezco beber sola. Tómate un chupito conmigo. Es triste sentirse la única persona que intenta olvidar. Tú tienes pinta de querer olvidar. Seguro que has estudiado y todo. Me cuesta trabajo ubicarte aquí.

-Me encantaría acompañarla. De verdad. Pero no suelo beber cuando trabajo. Además, lo tenemos prohibido. Queda mal. Y a esta hora, un sorbo me mataría. De todos modos se lo agradezco. Perdone, me llaman de aquella mesa.

Salí del bar al tiempo que miraba con cara de pena a mi compañera. Aquella mujer podía ser mi madre. Incluso parecía tan sabia como ella. Su edad y el trabajo le habrían enseñado. La edad no pasa en balde y en su caso el mundo le habría mostrado su cara más oscura. Sentí la necesidad de advertirle que estaba exhibiendo su ropa interior a medio bar, luego me di cuenta de que eso sería lo último que le importase. Tendría otras cosas en las que no pensar.

-Bebe algo conmigo. Te lo ruego. Tu compañera no quiere, dice que es abstemia. Eso no se lo cree ni ella. Habrá que verla un sábado por la noche harta de cubatas. No quiero ser una pesada, bebe conmigo. Te lo suplico.

Tenía los nervios destrozados. Miré a mí alrededor por si aparecía mi jefe. Saqué un vaso pequeño y me tomé un lingotazo. La chica estaba atónita. Sabía que podía confiar en ella. Pasé a su lado y me susurró que menudo sinvergüenza estaba hecho. Guiñó un ojo y empezó a reírse.

-Menos mal que te lo has tomado tú. Te juro que ya estaba por tomármelo yo para poder soportarla lo que nos queda de mañana. ¿Y has oído lo que me ha dicho de cuando salgo de marcha? A saber de dónde ha salido ésa. Qué vergüenza. Podría ser mi madre. Lo malo es que la mujer no parece mala gente. Menos mal que no está el dueño. Seguro que le hubiese dicho cualquier cosa para intentar que se fuese. Qué pena llegar a esa edad en esas condiciones. A saber que vida habrá llevado.

El trago me sentó muy bien. Templó unos nervios a flor de piel. Recurrir al alcohol es triste y detesto la idea de beber a esas horas. Tenía una sensación extraña entre la decepción y el entusiasmo. Por un momento entendí a los viejos que se acercaban cada mañana a tomarse un *carajillo*. Incluso a los alcohólicos de los medios días o los sutiles que piden un *gin tonic* por lo de que suena mejor que cubata. Una sutileza que empañaba la realidad y sus ojos.

-¿Cómo te llamas guapo?

-Todos me llaman Fran, señora.

-Bonito nombre. Yo me llamo Cristina. Si hubiese tenido un hijo me hubiese gustado que fuese como tú.

-Muchas gracias.

-Tómate otra copa conmigo. A ti te pasa algo que te está comiendo por dentro.

Me quedé anonadado. Con la borrachera que llevaba y era capaz de estudiarme. Debía ser de deformación profesional. Cogí otra copa y me eché otro lingotazo que ingerí sin inmutarme. La chica de la barra estaba estupefacta: "¿Te pasa algo de verdad?". Yo alegué que era cosa del tiempo.

-Los días grises me ponen triste. Qué más da si le doy un poco de color a la mañana.

-Pues no te acostumbres. Si te pilla el jefe te larga.

-Despreocúpate guapa, pero gracias por el consejo.

Cuando quedaban unos minutos para terminar mi turno había perdido las esperanzas que albergaba de volver a ver a mi artista. Terminó mi horario y volví al interior del bar para cambiarme. En vez de salir por la cocina, como hacía siempre, salí por dentro del bar por si la veía o me estaba esperando en la puerta.

La única persona que había esperándome era la prostituta que me porfió para tomarme la última. Tras examinar el bar y la calle me senté para beberme ese último chupito. Me lo tomé tan deprisa que el whisky abrasó mi garganta.

-Esa niña no merece la pena. Si te hace sufrir así es que no sabe lo que tiene.

-¿La conoce? Cómo puede decir eso. En realidad ni yo sé quien es. Sólo esperaba a una conocida.

-Eso explica tus nervios. Hay conocidas a las que querríamos conocer más…

-Me tengo que ir ya.

El alcohol había hecho mella en mí y ahora sí que tuve miedo de encontrarme al dueño. Me despedí de mi compañera y de la prostituta. Lo era. Antes de irme me suspiró al oído que a un chaval tan guapo como yo se lo haría gratis.

Salí del bar bastante perjudicado por las horas tan intempestivas a las que comencé a beber. Decidí coger el autobús en otra parada para que se me pasase el colocón al andar. Al pasar por la parada de siempre recordé la escena que viví la noche que la conocí. Saqué su dibujo y estuve a punto de dejarlo caer en el lugar en el que lo recogí. La tentación fue momentánea porque sabía que era lo único que tenía de ella. Llegué hasta la siguiente parada y me resigné a no saber si la volvería a ver. Hacía tiempo que nadie frustraba mis ilusiones así.

La lluvia golpea el cristal

Han pasado un par de semanas. Las rubias siguieron pasando por la puerta del bar. Yo trabajando sin cesar. Viviendo el día a día con mis amigos. Sirviendo infinidad de cafés y copas, tostadas, tapas, incluso haciendo de psicólogo temporal de algunos borrachos. El único recuerdo de ella era su dibujo. Empecé a olvidar su cara. Cada vez oxidaba más rasgos, ya no sabía exactamente como eran sus labios o la forma de sus ojos. Mi recuerdo se hizo un borrón al que según el día le añadía uno u otro detalle. Creo que confeccioné una mujer ficticia con la que me evadía de la realidad. Por supuesto, las demás mujeres no estaban nunca a su altura. Era imposible.

Un día empezó a llover muy fuerte. Tanto, que permanecí una hora más refugiado en el bar después de mi turno. Me senté en la barra del bar a tomarme un té muy caliente. Una mano se posó en mi hombre, me giré y era ella.

La había esperado tanto que incluso me molestó que apareciese. Estaba indignado, así que le di un "hola" un poco indiferente. Se sentó en el banco de al lado mientras secaba su melena empapada. Mi miró con aire de indiferencia y esbozó una sonrisa.

-¿Qué te pasa? ¿No te alegras de verme? Aquel día no pude acercarme a por el dibujo porque tuve un pequeño problema con un amigo.

-No pasa nada. Sólo que creí que nunca volvería a verte. Supuse que tampoco tenías tanto interés en recuperar tu dibujo.

-Claro que sí. Por eso estoy aquí. Acabo de salir de trabajar. Las dos últimas semanas han sido un infierno y estuve muy ocupada.

-Pues ya no lo tengo aquí. Me lo llevé a mi casa para no perderlo.

Recordando la pared del cuarto en la que lo tenía clavado.

-¿Qué haces ahora? ¿Vives muy lejos de aquí?

-Acabo de terminar mi turno. Esperaba a que escampase para volver. Pero vivo muy lejos de aquí, tengo que coger un autobús. Mi pisó está casi a las afueras de la ciudad.

-Vale, te importa si acompaño y me lo das.

-Como quieras. ¿Nos vamos?

Calderón andaba por allí. Al verme hablar con ella me guiñó un ojo con cara de asombro. Se acercó hasta nosotros y me pidió explicaciones frente a ella de por qué le ocultaba una amiga tan guapa.

-¿Cómo te llamas?

-Adelina.

-Encantado. Yo Calderón, como el poeta español. Ya me dirás de dónde la has sacado, ¿eh Fran?

-Es un compañero de piso, además de mi jefe.

-Encantada Calderón.

-Adiós.

Había escampado. No obstante, saqué un pequeño paraguas en el que nos metimos los dos. Llegamos a la parada de autobús y se hizo un silencio. Nos acordábamos perfectamente de cómo nos conocimos. Estuvimos callados hasta que llegó el autobús a los minutos. Al entrar eché un vistazo al seto al que la empujé aquella noche. Al sentarnos esgrimió una sonrisa al decir que no había sido para tanto, pero que le guardase el secreto.

-Tienes pinta de soñador. Tan pensativo y observador. Los sueños son para realizarlos, sino sólo se quedan en eso: sueños. Pareces aburrido, ¿tu vida es aburrida?

-Sí. De vez en cuando hago de súper héroe y salvo a alguna chica de las fauces de la muerte, pero en general soy bastante aburrido. Hace tiempo viajaba mucho, mentalmente. Conozco medio planeta.

-Qué triste. Hay que ir de verdad. Eso parece la historia de un perdedor.

Me molestó muchísimo. Qué se creía, mi vida había sido muy complicada. Y los viajes no eran un lujo que me pudiese permitir. Sería una niña rica que viaja por el mundo a costa de los padres, pensando que la gente no sabía vivir.

-¿Tú has viajado mucho?

-Inglaterra, Australia, Estados Unidos... Un poco de tiempo en cada sitio. Es como se conoce la vida y el mundo. Me fui de mi casa con 17 años.

-¿De dónde eres?

-De Noruega. Allí hace mucho frío y estaba harta de vivir con mis padres. Me fui porque quería saber más sobre el mundo. Tú vivirás con tus padres, ¿no? En España es lo típico. No entiendo cómo la gente puede aguantar tanto con ellos. Además, te acomodas y te vuelves un inútil.

-Aquí es el sistema. En España desconocemos esas ventajas económicas que tienen los noruegos para estudiar fuera de sus casas. Aquí, o te lo pagas tú o tus padres. Es simplemente lo que siempre se ha hecho. Para todo lo que dices que has viajado, aprendiste poco de la vida. En cada sitio hay que analizar las situaciones desde las circunstancias que allí se dan, si lo comparas con otros sitios nada tiene sentido. Para comprender una cultura tienes que hacerlo desde dentro. De todos modos vivo solo.

-¿A que edad te fuiste de tu casa?

-Hace unos meses.

-Ah…

-Me incomoda esa superioridad tuya. Todavía no te he dicho nada de tu tentativa de… Quizás hubieses tenido que aprender algo más de tus padres. Y si no te gusta España, ¿qué haces viviendo aquí?

-Por el clima.

-Pues el clima viene con algo más. Resulta que hay una cultura muy fuerte unida a él. Tu ves, aquí hay menos suicidios que en otros países de Europa del norte. Algo tendrá España, ¿no? A ver si descubres ciertas cosas de aquí…

-Bueno, no te pongas a la defensiva. No sabes nada de mí, tenía mis motivos.

Sin darme cuenta estábamos en la parada de mi casa. Llegamos al portal mientras le explicaba dónde vivía antes. Su gesto no disimuló su desaprobación, pero tras la conversación mantenida intuyó que debía evitar el tema.

Entramos en el portal y nos cruzamos con la hija de la vecina que me gustaba. Al cruzarnos las dos chicas se miraron de arriba a bajo. Lo cierto es que Adelina era más guapa y llamaba mucho más la atención. No culpo a la vecina por mirarla de esa manera. Me sentí como un Don Juan. Ella no sabía que sólo iba a mi casa a recoger un dibujo. Con una chica así no me importaría pasearme por toda la ciudad. Incluso pensé en llamar a mis padres para que se asomasen a la ventana y la viesen. Mi padre estaría muy orgulloso. Mi madre es la que me preocupaba, porque decía que las mujeres españolas son las mejores. Al final seguro que terminaría metiéndome en un lío, así que me alegré de no habérmelos cruzado.

Al llegar a mi casa recordé que tenía su dibujo clavado en la pared y que pensaría algo raro de mí. Lo maduré durante unos segundos y comprendí que era absurdo. Si tenía que verlo colgado en la pared que lo viese. La intención no era que ella pensase nada de mí, simplemente que viese la verdad de mi vida. Incluso la cabeza de lagartija.

-La casa está bien. Qué limpia está. ¿Seguro que sólo sois tíos?

-Ya ves. Somos la generación de los hombres que aprendieron a limpiar gracias a la liberación sexual de nuestras madres. Ven a mi cuarto, está allí.

-¿Lo tienes colgado? ¿Tanto te gusta? Si quieres te hago uno, pero éste me lo llevo.

-A mi me gustaba éste. Quizás porque no sabía lo que significaba y creí ver una historia en la que encontrabas un sabio malo que te inducía a suicidarte. Me preguntaba quién sería. Imaginé muchas cosas. Pensé que no volvería a verte. Y me alegro, sobre todo porque no has hecho ninguna tontería.

-¿Puedes besarme?

-Eh…

-Qué te pasa. Groucho Marx decía que no le gustaban los hostales en los que tenía que llevar una maleta para quedarse con una mujer y fingir que era su señora. Yo no traigo maleta, ¿te molesta? ¿Soy demasiado directa o es que te gusta más la sutiliza?

La besé durante unos segundos hasta que me apartó.

-Acabo de recordar que tengo que irme. Otra noche seguimos con esto.

-Espera. Te presentas después de dos semanas en el bar. Te vienes a mi casa, me dices que te bese y ahora que te vas. Creía que podríamos hablar o lo que fuese…

- Las casualidades son preciosas cuando suceden sin márgenes. ¿Ahora quieres que intente no ser una casualidad? He recordado que tenía que visitar a una amiga que está mala.

-¿Y mi beso te ha recordado eso?

- Mientras nos besábamos la lluvia empezó a golpear el cristal y el sonido me recordó el frío y el resfriado de la chica.

-Es que quería preguntarte muchas cosas.

-Ya lo sé. Aunque ya veremos si te las cuento o no.

-Al menos dime a que te dedicas o dónde vives. Dame tu número y te llamo algún día.

-Yo te localizaré. En cuanto a lo que me dedico es obvio: estudio arte. Por las tardes trabajo en una empresa de componentes informáticos para empresas extranjeras. ¿El señor sabe ahora algo más de mí? Por cierto, me llevo el dibujo. Prometo hacerte uno igual o más bonito.

-¿Cuándo nos veremos?

-Tranquilo. No hay prisa. Dame otro beso. Te buscaré, ya sé donde vives.

Se fue y me dejó más confuso de lo que ya estaba. La lluvia se hizo más fuerte y el cristal parecía que iba a quebrarse. Recordé el beso y las promesas que me había hecho a mi mismo de castidad. Lo que no preveía es que me pasase algo así, que incluso fuese ella que la me pidiese que la besase.

Me tumbé en la cama sin saber en qué creer. Sabía que la volvería a ver. Cuando ella quisiese. No me gustaba la idea de esperar a que fuese ella la que tuviese el control de la situación. Ni siquiera me había preguntado si estaba con alguien, tampoco yo lo había hecho. Qué importaba. Era lo que tenía que pasar y punto.

Esperando una estrella

La ventana de mi cuarto tiene una vista pésima y me cuesta ver las estrellas. Tengo que hacer un esfuerzo para observar el manto de cuerpos incandescentes que cubren las alturas del mundo y mi ciudad. Estoy buscando una estrella fugaz. Acabo de hacer un viaje imaginario hasta Noruega para conocer, junto a Adelina, su país natal. Me ha enseñado parte de su cultura. Ahora entiendo algo más su forma de pensar. Todo es distinto. Hay otro ritmo de vida. Sigo buscando una estrella fugaz, quiero pedir un deseo: volverla a verla. Hace una semana que estuvo sentada en mi cama y no he vuelto a tener noticias suyas.

Ni siquiera sabía el nombre de su empresa. Podía intentar encontrarla en su facultad. Me dijo que iba a clase por las mañanas. Me daba igual que pensase que tenía el control y que era incapaz de resistir la tentación de ir a buscarla. Porque la idea de que me hubiese mentido para escapar de mi casa significaba que después de años sin amar a nadie, volvía a sentir pero sin ser correspondido.

Salí temprano de mi casa. Ese día curraba por la tarde. Quería aprovechar el tiempo porque tendría que recorrerme todas las clases de arte de su facultad. Ni siquiera sabía en qué curso estaba. Al llegar a la Universidad recordé que la Facultad de Arte estaba detrás de Derecho. Era un edificio de los más modernos porque hacía poco que habían puesto la carrera en la ciudad. Nada mas entrar encontré a gente muy parecida a Adelina. Tenían un aspecto un poco bohemio y desenfadado. Cuando iba a entrar en la primera clase me la encontré.

-Sabía que me buscarías. Está claro que estás enamorado de mí. Si cuando vi el dibujo colgado en la pared de tu cuarto… Dame un beso, anda.

La besé como si no hubiese pasado nada. Como si no supiese que acababa de mostrarle lo que me gustaba y que podría hacer conmigo lo que quisiese.

-¿Por qué no viniste a buscarme?

-Pensé que lo único que querías era echar un polvo y si querías algo más serías tú el que me buscaría a mí. Ya ves lo fácil que ha sido encontrarme.

-Sólo un par de ideas: detesto que jueguen conmigo. Las cosas claras. Me atraes y quiero conocerte mejor. ¿A ti te pasa lo mismo?

-Eres mi salvador, ¿por qué no darte una oportunidad? Por ahora lo has hecho muy bien.

Nos fuimos a la cafetería de la facultad y pedimos un par de cafés. Me contó que tenía 21 años y hacía dos que vivía en España porque había conseguido un trabajo muy bueno en una empresa que, sobre todo, necesitaba a gente que hablase muy bien varios idiomas. Se dedicaban a vender piezas de ordenadores a otros países.

Su pasión era el arte. Le encantaba dibujar y pintar. Quería exponer en las mejores galerías del mundo, pero sobre todo se conformaba con ser feliz. Se había ido de su casa con 14 años porque la enviaron a estudiar a un internado en Inglaterra. Cada verano la mandaba a países diferentes para hacer cursos y talleres. Su familia era de clase alta y quería darle una educación privilegiada, hasta que ella decidió que no quería depender de ellos porque lo único que hacían era controlarla. En su último viaje, al terminar el instituto, vino a España y encontró, casi por casualidad, el trabajo. Así que decidió que pasaría unos años aquí para aprender español, de paso. Vivía sola. No soportaba convivir con más gente a causa de sus años en el internado, en los que siempre tuvo que compartir habitación o cuarto de baño.

-¿Por qué lo hiciste?

-Estaba harta de todo. Mis padres quieren que vuelva a Noruega para estudiar arquitectura. Eso de ser una artista no les gusta nada. Mi padre es un médico muy famoso y mi madre es abogada. Mis dos hermanos son ingenieros y muy buenos chicos, pero nunca tuvieron el valor suficiente para ser ellos mismos. Soy la oveja negra de la familia. Hace más de un año que no hablo con mis padres y no lo solucionaré si no hago lo que ellos quieren. Para colmo, mis hermanos, con los que siempre había tenido una relación al margen, han dejado también de hablar conmigo. Dicen que la gente de mi país tiene la mente muy abierta, pero en el caso de mi familia es al contrario. Pensarás que soy una cría y que no tengo huevos para seguir adelante, pero después de luchar sola durante tanto tiempo hay días en los que te quieres morir porque crees que nada tiene sentido. Entonces sale un día nublado, piensas en la familia que no tienes, en que no llegaré a nada con el arte, en que mi jefe me podría despedir porque me ha salido algo mal y con qué iba a mantenerme entonces. Bebes para olvidar y también terminas queriendo olvidar que vives. El dibujo que hice de la Gran Barrera de Coral tuvo un sentido muy especial porque me sentía como algo por descubrir. Con la diferencia de que no sabía si quería ser descubierta por casualidad. Ya tengo una familia que sabe que existo, aunque no le preocupe en cierto modo.

-Es una historia bastante triste. Pero no tanto como para quitarte la vida. A pesar de que estén enfadados contigo porque haces lo que quieres te seguirán queriendo. Lo hacen a su manera. Sólo quieren que hagas las cosas bien. Créeme, sé de lo que hablo. Hace poco dejé la empresa de mi padre porque no era lo que yo quería hacer y me ha costado romper con mi vida anterior. Te diría que no te preocupases por que sólo tienes 20 años. Pero me lo han repetido tanto con mi edad que evitaré hacer lo mismo contigo. Cada cual tiene unas necesidades independientemente de su edad, al igual que unas expectativas que tú consideras, únicamente tú, que son las que deberías cumplir.

-¿Puedes besarme? No suelo contarle estas cosas a un desconocido y como tú sabías lo que pasó aquella noche. Gracias, necesitaba descargarme.

La besé y luego le di un largo abrazo. Durante unos minutos sentí desaparecer de la faz de la tierra para llegar a una extraña plenitud emocional. Cuando nos separamos teníamos a media cafetería pendiente de nosotros. Si ya de por si Adelina llamaba la atención, en aquel momento llegó a extremos insospechados.

-Ahora tengo un par de clases. Ten mi teléfono y llámame cuando quieras. Aunque ahora que sabes que mi vida no es tan perfecta como la de otra gente, decidas no hacerlo.

Tuve que sonreír porque era evidente que lo haría. De todos modos le aclaré que había llegado hasta allí para volver a verla.

-¿Te apetece que nos veamos después? ¿A qué hora sales del curro?

-Sobre las 9. ¿Y tú?

-Hoy salgo a las 12, pero me apetece mucho verte.

-¿Te importa si voy a dormir a tu casa? Es que mi casa está al otro lado de la ciudad. Además, después de haberte abierto mi corazón no creo que me apetezca dormir sola. No estoy acostumbrada a contar esas cosas sobre mi vida. Te prometo no irme a los cinco minutos como la última vez.

Al final quedamos en que me recogería en la puerta del bar y nos iríamos desde allí hasta mi casa. Me di cuenta de que estaba perdiendo el control de todo. Pero hay veces que decides que lo más oportuno es no pensar demasiado.

Llegó diez minutos antes de la hora. Se plantó en la acera intentando pasar desapercibida hasta que Calderón la vio y me advirtió de su presencia.

-Mira. ¿Ésa no es la rubia del otro día? Qué pasa campeón, al final ha cuajado la cosa. Ahora mismo voy a saludarla y le digo que ya sales.

-No digas ninguna burrada que te veo venir, por favor. Además, te lo voy a decir ahora para que no la arméis en casa Juan Carlos y tú. Esta noche se queda a dormir allí.

-Eres un máquina. No te diré nada más, sólo que me avises cuando se levante a desayunar, que estoy harto de veros el careto recién levantado. Para una vez que habrá una mujer tan guapa.

-Anda y dile lo que sea que me voy.

Estuvimos unos segundos con Calderón, que a pesar de bromear conmigo fue muy correcto con la chica. Acto seguido nos fuimos hacia la parada del autobús en donde nos conocimos y a la que siempre iba para coger el autobús. Miré hacia la carretera y la volví a besar.

Esa noche lo hicimos un par de veces hasta que nos quedamos dormidos abrazados. Quise hablar con ella, pero me dijo que sólo quería quedarse dormida estrujada contra mi cuerpo. Desde luego no era ninguna niña. Pocas chicas de 21 años follan así y son tan liberales. Aunque preferí no pensar en ello, yo tampoco había sido ningún santo. Lo importante es que estábamos juntos. Justo antes de quedarse dormida me advirtió que podía llegar a enamorarse de mí.

-Si vas a hacerme daño, mañana déjame ir sin más.

-Ahora que he conseguido que estés conmigo no te será tan fácil librarte de mí. En realidad todo esto forma parte de un plan que urdí para secuestrarte y que no vuelvas a salir más de mi casa.

Me acarició el pelo hasta quedarse dormida y yo no pude remediar permanecer, durante bastante rato, alucinando con la situación. Estaba muy feliz, tanto que no quería quedarme dormido por miedo a despertar y que todo desapareciese.

Mi casa es la tuya

Adelina siempre estaba en mi casa o yo en la suya. Casi todas las noches dormíamos juntos porque durante el día a penas nos veíamos. Estaba enamorado de ella, de una persona que cada día me sorprendía más. Le sacaba bastantes años, lo que no parecía importarle. Hacía tiempo que había constatado que ya no le atraían los chicos de su edad, por la vida tan diferente que llevaban. Lo cierto es que era un poco precoz para muchas cosas.

Pronto tuve mi cuarto lleno de sus dibujos y pinturas. Bromeaba diciéndole que si algún día se hacía famosa los vendería todos, excepto el primer dibujo que me regalo. Era una especie de chica encerrada en una jaula enorme. Había un hombre que le ofrecía una llave para que abriese la jaula, pero ella temblaba dentro sin atreverse a cogerla. Todo ello situado en una especie de planeta al que a lo lejos rodeaban más. Era su mundo y me lo estaba ofreciendo.

Yo le contaba mis sueños de irme algún día por ahí a hacerme rico en la bolsa, pero siempre se lo tomaba a risa. Sabía que para eso tendría que luchar mucho conmigo mismo.

-Te faltan huevos. Aunque si lo haces llévame contigo. También existe otra opción: como te harás rico muy pronto me espero aquí y me mandas tu avión privado para recogerme.

-Tu ríete que ya verás. Sé que soy capaz de hacer algo grande. Sólo necesito una oportunidad de verdad.

Muchas veces me desanimaba porque cuando uno tiene un proyecto quiere que todo el mundo lo apoye, por muy descabellado que sea. En su caso no era así, tenía los pies tan en la tierra que era incapaz de convencerla de ideas absurdas o sin sentido. Incluyendo el hecho de que para ella el dinero tenía otro significado. Cuando naces en una familia como la suya es difícil no sentir más que desprecio por algo tan común y necesario para ti. Sabía que era importante, pero para ella no era lo primordial. Muchas veces era yo mismo al contárselo, el que no se lo creía. Conseguía romper mi mundo fantástico con sólo una mirada. Todos lo tenemos, son nuestras esperanzas o con lo que soñamos en silencio y no contamos para no parecer demasiado ambiciosos. Aunque la diferencia es que en mi caso sí me lo creía a veces. Así me di cuenta de que tampoco me venía mal situarme en la realidad y mi curro de camarero.

-Al final seré yo la que te haga rica con mis obras de arte. De momento ven a la cama que tengo frío y necesito abrazarte.

Un día llegó a mi casa diciendo que un chico la estaba acosando en el trabajo y que le había mandado a la mierda. Me sonó tan normal como cuando mi ex novia me contaba lo que le pasaba en el suyo. Lo malo es que Adelina tenía muchas más picardía con la edad que tenía. Sabía perfectamente que cualquier hombre podía caer rendido a sus pies con proponérselo. Aunque ya sabía de sobra que la confianza era fundamental, me molestaba profundamente todo lo que tuviese que ver otros chicos. Para no errar dos veces en lo mismo, siempre le decía algo para que se deshiciese de él. Incluso la iba a buscar a su curro o la facultad para marcar territorio. Era absurdo, pero por lo menos veía los ojos de mi adversario.

-¿Por qué has venido a buscarme? No sabes que si quisiese liarme con alguien ya lo habría hecho. Además, ¿qué te crees que soy una pertenencia?

-¿No, pero que malo tiene que sepan que estoy contigo?

-Pues si me quieres tanto y ambicionas que esté siempre contigo por qué no me pides que vivamos juntos.

-En mi piso no podría ser. Una cosa es que duermas allí y otra muy diferente que estés allí todo el día. No es tan grande y no te pillaría bien, está demasiado lejos de todo.

-Lo que tendríamos que hacer es alquilarnos algo juntos.

Al poco tiempo abandonaría a mis compañeros. Ellos sólo me dijeron que si yo era feliz que lo hiciese, pero que quizás me estaba precipitando. Al igual que mis padres, y que se la presentase por lo menos. Así que se un día la llevé y todavía no me creo lo que sucedió. Les gustó tanto que me dio la sensación de que la querrían más que a mí. Incluso me llegaron a decir que a ver si ésta era la definitiva.

Parecíamos una pareja formal que llevan años saliendo. En nuestro caso todo era excepcional. Pronto aprendí que era ella quien tomaba las decisiones. Porque yo era un pelele en sus manos, se me caía la baba cada vez que me miraba con sus grandes ojos azules.

Fue tan rápido que no me di ni cuenta. Un día llegó a mi

casa y me dijo que les explicase a mis compañeros que me marchaba, que no contasen conmigo el próximo mes para pagar el alquiler. Había alquilado un pequeño estudio a medio camino entre su trabajo y el mío. Tenía una pequeña habitación en la que había un sofá cama, un mueble con una televisión y una barra americana que comunicaba con la cocina. Tenía un minúsculo cuarto de baño e incluso una terraza. Había colgado un par de sus dibujos y un gran mapa del mundo y ya había llevado alguna de sus cosas.

Mis compañeros no salían de su asombro. Pero incluso de vez en cuando venían a visitarnos. Decían que lo hacían para verla a ella. Y a Adelina no le importaba porque sabía que en un intervalo de tiempo relativamente corto nos habíamos hecho muy amigos.

Háblame al oído

-La casera me ha dicho que el piso tiene una acción de compra. Como inversión estaría bien.

-Estás loco. Ahora me dirás que me case contigo. Sólo llevamos tres meses juntos.

-No te digo que lo compremos juntos, sólo que tenía algo de dinero en el banco y para dejarlo ahí podría invertirlo. Podría comprarlo yo.

Estaba locamente enamorado y tenía ganas de pasar el resto de mi vida con ella. Si algo había aprendido es que las cosas hay que hacerlas cuando te apetece. El tiempo que pasa entre que lo que deseas hacer hasta que lo logras es inútil, si realmente estás decidido a llevar algo a cabo.

-Comprándolo yo no hay problema. Quién sabe lo que será de

nosotros y ahora es el momento de no pensar en ello. Mira, es absurdo pagar un alquiler teniendo la posibilidad de comprarlo. En realidad es muy barato, se trata de un estudio y te aseguro que los precios de las casas por ahí son de infarto.

-Es una costumbre muy española ésa de comprar una casa e hipotecarse tan pronto. En mi país eso se hace cuando las parejas son mucho más mayores y tienen niños. Una vez que están totalmente establecidos en un lugar. Aunque yo no te puedo decir qué hacer con tu dinero. Sólo tengo una objeción. ¿Y yo no pago alquiler? No me parece justo eso de vivir en tu piso. Para que sea equitativo yo te tendría que pagar una especie de alquiler hasta la mitad del precio que te costase el piso. A medida que te vaya dando el dinero tendré el tanto por cierto que me corresponda. Sería mejor porque sentiría que también estoy en mi casa. Y si nos separamos habrá que venderlo. Cada cual se quedaría con lo que le correspondiese según el tanto por ciento invertido. Por supuesto lo haríamos legalmente. ¿Te parece buena idea?

-¿Ya habías pensado en ello?

Por un momento me quedé alucinado con la reflexión que acababa de hacerme. Tampoco me importaba que invirtiese conmigo y me vendría bien para pagar las letras. Pero de repente mi vida empezaba a ser nuestra vida. Creo que nunca llegué a plantearme tal compromiso con mi ex novia porque no la quería.

-Sí. Lo que no sabía es que tenías algo de dinero ahorrado. Porque mi idea era hacerlo dentro un tiempo si nos seguía yendo como hasta ahora. Me tienes loca. ¿Lo sabías?

Mi existencia cambió tanto que era incapaz de asimilar todo lo que me estaba pasando. Sorprendentemente me acoplaba a todo con suma facilidad. A comprar comida para los dos, a que sus cosas ocupasen la mitad de aquel recinto, a que el cuarto de baño estuviese lleno de extraños productos que no sabía para que servían y a que mis decisiones fuesen un consenso con otra persona.

Le quedaba un año y medio para terminar la carrera. Tiempo suficiente para decidir a dónde iríamos con el dinero de la inversión. Seguía teniendo ganas de marcharme, junto a ella, y no me importaba esperar a que terminase sus estudios. Me di cuenta de que no era necesario irme tan lejos para cambiar mi vida y ser feliz. Podía quedarme en mi ciudad y estar contento, lo que pasa es que antes nunca había sabido como hacerlo, por eso quería huir.

Adelina envió una carta a sus padres con una foto de los dos. Les contaba que se había comprado un piso conmigo y que ahora tenía una pequeña parte de él. Me describió como jamás pensé que lo haría nadie. Estaba escrito en noruego pero me la tradujo. También que era muy feliz y que esperaba que comprendiesen que era su vida. Sorprendentemente recibió una carta de respuesta en la que le decía que por lo menos era feliz. Aunque no me hizo gracia lo de con un simple camarero. Pero que la respetaban, si bien no le cerraban la puerta para volver y hacer lo que le correspondía por su condición.

-Ya se podían haber ahorrado algunas cosas.

-Ellos son así. Créeme, haber recibido una carta suya ya es bastante. Los conozco y es una muestra de que me han perdonado. Y no te enfades por lo que dicen de ti, yo soy la que está contigo y tendrán que quererte como yo lo hago si pretenden recuperarme algún día.

Aquella tarde tenía que trabajar y estaba tan enfadado que le conté a una de las camareras lo que habían dicho sus padres de mí. Como estábamos en medio del bar me dijo:

217

"Luego te cuento algo". Esas cosas no me gustaban y le imploré que me contase lo que fuese ya.

-Es que no te lo puedo decir aquí, hay mucha gente y me podrían escucharme.

-Dímelo al oído.

Se acercó sin titubear. Me miró otra vez a los ojos y pareció meditar sus palabras un segundo antes de acercarse a mi oído.

-Eres el camarero más guapo que conozco. Pasaría toda mi vida contigo sin dudarlo.

La sombra de la sexualidad desenfadada y sin ataduras planeó por mi cerebro mientras mi corazón bombeaba a destajo la imagen de Adelina. Cuando terminamos el turno fui a la cocina y permanecí junto a ella un par de segundo sin saber que decirle. Se acercó a mí como una gata y me lanzó un beso que esquivé, pero me cogió de la cabeza y consiguió su objetivo. Me aparté rápidamente.

-¿Pero qué te pasa?

-Sabes que estoy con Adelina e incluso lo del piso.

-Esa chica no te merece. Además, las extranjeras son muy malas en la cama. Te vengo observando hace tiempo y a ti lo que te gustan son las chicas salvajes. Sé que te gusto. Lo que tú no sabes es que a mí no me importa que estés con ella, yo también tengo novio, pero como es militar está siempre de viaje. ¿Qué te pasa, no te gusto?

-No se trata de eso. Es que estoy enamorado de ella. Además, por qué de repente coges y haces esto. Hace mucho que trabajamos junto y justo hoy vas y...

-Es que es mi último día. Me voy a otro bar más cerca de mi casa. Bueno, no tiene que ser ahora. Ésta es mi dirección y mi teléfono. Llámame si quieres terminar lo que hemos empezado.

Cuando llegué a casa Adelina estaba dormida. Se despertó al sentir que me metía en la cama y me preguntó qué tal había ido la tarde.

-Muy bien. Un poco reveladora, pero bien.

-¿Qué dices?

-Nada. Duérmete mañana tienes clase muy temprano.

La noche fue muy larga. Pensé en las veces que había engañaba a María y lo mal que me sentí. Todas las mentiras y el daño. Los sueños rotos y las lágrimas. Y también en si me apetecía hacerlo, porque de ser así es que no sentía lo que creía por Adelina. De repente se estremeció y se abrazó a mí, entonces comprendí junto al calor de su cuerpo que no deseaba

estar con otra mujer.

Cuestión de principios

-Este fin de semana comemos con mis padres, hemos quedado a la una.

-Qué rollo. Si no fuese por lo bien que me caen tus padres te aseguro que no pisaría su casa. Tu madre es encantadora. ¿Sabes que el otro día me llamó para decirme si nos hacía falta algo? Es buenísima. Ahora entiendo por qué has estado tanto tiempo con ellos.

-También puedes llegarte a cansar.

Nos arreglamos un poco y llevamos una botella de vino, idea de Adelina. Llegamos diez minutos antes para ayudar un poco a mi madre con la mesa. En cuanto entramos por la puerta nos plantó dos enormes besos y fuimos a la cocina con ella, estaba terminando de preparar la comida. Al momento llegaron mis tíos y mis abuelos, ante mi sorpresa.

-Mira que no querer presentarnos a una chica tan guapa.

-¡Mamá!

-Sólo han venido a conocerla. Se morían por saber cómo era tu novia.

Adelina parecía tranquila y respondió con educación a todas sus preguntas. Menos mal que no tardaron en irse. Justo al cerrar la puerta aseveró que tenía que hablar conmigo. Adelina dijo que esperaría en el salón mientras charlábamos.

-Tu padre no se encuentra muy bien. Le veo muy cansado últimamente. No lo quiere reconocer, pero desde que te fuiste está trabajando el doble. Tu padre ya no tiene la cabeza tan bien como antes y se vuelve loco haciendo cuentas. Como no se fía del todo del chico que ha puesto al cargo de los pedidos. ¿Tú no podrías ir un par de días a la semana para echarle una mano? De verdad que no te lo pediría si no lo viese mal. Ya sé que trabajas casi todos los días, pero tampoco sería tanto tiempo. Él no te lo va a pedir, por eso estaría bien que se lo sugirieras tú. Ya sabes que hay varias familias que viven gracias a la empresa.

-Está bien. En cuanto venga se lo insinúo de alguna forma.

Mi padre llegó al rato. Adelina no sabía nada porque no me había dado tiempo a explicárselo. En cuanto llegó nos pusimos a comer. Cuando habíamos llegado a los postres ya estábamos discutiendo que días iría a ver como iban las cuentas. No me puso muchas trabas porque le dije que sólo quería ver si habían continuado bien mi trabajo. La verdad es que sí que parecía cansado. Siempre había sido una persona muy vital. Aunque a parte de unos pequeños suspiros no le noté nada extraño.

-¡Me gustas más que la novia esa que tenía!

-¡Papá!

-No pasa nada Fran.

-Ésa era una estirada. Tú en cambio tienes algo en la mirada. Además eres mucho más guapa, mi hijo tiene buen gusto.

-No la he llegado a conocer, pero seguro que exagera.

-No me hables de usted que hace ya un tiempo que nos conocemos. ¿Y que tal se porta éste contigo?

-¡Papá!

- Pues muy bien. De todos modos hago todo lo que quiere.

Después de pasar unos momentos en un juego que me puso un poco tenso nos fuimos. Adelina parecía absorta y reflexiva.

-¿Qué te pasa? ¿Te ha molestado algo de lo que te han dicho?

-No especialmente. Lo único es que a penas me has hablado de tu ex novia. Por qué terminasteis. ¿Cómo era?

-Eso es cosa del pasado. Era una buena chica, pero nos dimos cuenta de que no teníamos tantas cosas en común. Ella quería una vida muy diferente a la mía.

-¿Y qué vida era esa?

-Vamos a dejarlo. Es que tenía una perspectiva diferente de la vida a la mía. Pero si quieres que te cuente toda la historia, tendría que decirte que un día desapareció el amor.

-Espero que no nos pase a nosotros.

-Nuestro caso es diferente, porque creo que nunca estuve enamorado de ella realmente.

-¿Era guapa?

-Normal.

-¿Más que yo?

-No.

-¿Cómo era?

-Ya te digo que normal. Del montón más bien.

-¿Cuando me conociste pensaste que era guapa?

-Ya sabes que sí.

-¿Eso fue lo que te gustó de mí? ¿Qué era guapa? ¿Mi físico fue lo que te atrajo?

-Es que yo estoy muy en contacto con mi parte animal. No te niego que antes de nada, una chica tiene que gustarme físicamente. Lo que no implica que todas las que me gustan físicamente puedan gustarme intelectualmente. El mejor ejemplo que podría ponerte sería con la naturaleza. Los animales sólo tienen relaciones sexuales con otros debido a sus instintos, lo que en parte es verdad. Pero los hay que son polígamos o monógamos. Podrías pensar que soy como una bestia y no pretendo eso. También los hay como las orcas, que permanecen toda su vida con una única pareja. Incluso si ésta muere ya no vuelven a tener otra pareja.

-O sea, que fue a tu parte animal a la que le gusté al principio. Pues podrían gustarte muchas otras chicas por la misma razón.

-La diferencia entre tú y otras chicas es que a pesar de que sé que físicamente podrían gustarme otras muchas. Sólo es una premisa para intentar algo más con ellas. Después te conocí y descubrí que eras fantástica. Si la atracción hacia alguien es sólo física y no existe la intelectual se quedará en pura atracción sexual.

-¿Y con tu ex novia te pasó lo mismo?

-Sí, pero puedo asegurarte que la atracción intelectual que siento por ti no la había sentido por nadie en mi vida.

-Pues no me terminas de convencer. Espero que así sea.

-Mira, yo sí que tendría que sentirme inseguro. A ti te miran todos los hombres.

-Es diferente. Los hombres miráis a todas las mujeres, incluso a las feas. Y yo tampoco soy tan guapa.

-Tú dirás lo que quieras. Yo veo a cantidad de hombres mirarte a diario, pero presupongo que yo soy el que más te atrae intelectualmente. Aunque no te creas que para mí es fácil saber que en cualquier momento alguien se te acercará para decirte lo que sea.

-Estás desvariando. Nadie se me acerca para decirme nada

porque se nota que estoy enamorada y no quiero nada con nadie.

-Yo sólo te digo que si alguien tuviese que preocuparse, ése sería yo.

-No le des la vuelta a la tortilla, como decís aquí. Simplemente quería saber si tu ex novia era guapa y cómo era. Ya sé como sois los hombres, sobre todo con las chicas rubias como yo. Menos mal que tú eres diferente al resto de los cerdos que andan sueltos por ahí.

No puedo dormir

-Me cuesta entender a Fran. Cómo puede haberse ido a vivir con Adelina. Es muy buena niña, a pesar de que sea extranjera. Menos mal que por lo menos no es una negra ni nada por el estilo. Mira que siempre le he dicho que las españolas son las mujeres más fuertes que hay. Pero es igual de testarudo que tú.

-Pues a mí me parece bien. Incluso le ha gustado a mis padres. Es muy simpática. Tú ves, lo único que no me gusta de ella es que no se hable con los padres. Fran me contó la historia de pasada. Y tenga la culpa quien la tenga, un hijo nunca debe dar de lado a sus padres. Con el esfuerzo que hicimos nosotros por entender a nuestro hijo y al final hemos solucionado nuestras diferencias. ¿Te imaginas que hubiésemos llegado a lo mismo que los padres de su novia? Es que a esas edades se hacen muchas tonterías. Te acuerdas de cuando yo me peleé con tu padre porque le dije que quería casarme contigo y él me

231

exclamo que cómo te iba a mantener. Al final no sólo te mantuve, sino que además vivimos holgadamente.

-Anda que la que yo tuve con tus padres. No les gustaba un pelo porque querían una muchacha más fina que yo para su hijo y si no hubiese sido por mí seguirías comiendo con los dedos. Ahora que lo pienso, creo que ningún hijo termina de llevarse bien con sus padres porque después de una vida creemos saber mucho. Lo que a todos se nos olvida es que por mucho que queramos los errores los tiene que cometer uno mismo para aprender.

-Anda y duérmete que mañana ya verás…

Tenía la sensación de que mis padres habían cambiado su forma de ver mi situación. El hecho de tener una pareja parecía gustarles porque implicaba que estaría más centrado. Sabían que Adelina tenía que terminar su carrera y que por lo menos permanecería en España un año y pico más. Cada vez me preocupaba menos el hecho de marcharme porque sabía que lo haría. Lo importante es que hiciese lo que hiciese contaría con Adelina. Parece que cuando tenemos pareja es más fácil tomar decisiones. Es como cuando Adelina y yo decidíamos qué película veríamos en el cine o qué hacer de comer.

Aquella semana tenía que empezar a ir a la empresa de mi padre. En el trabajo no me dijeron nada porque hablé con Calderón y le expliqué mi situación, no iba a trabajar menos días ni horas, pero ahora no podrían cambiarme los turnos sin avisarme con un día de antelación por lo menos. Tampoco suponía un gran esfuerzo y lo hicieron de buen grado, puesto que nunca les había fallado y estaban muy contentos conmigo. Incluso el dueño se acercó a mí para subrayarme que no me preocupase y que ayudase a mi padre. "La familia es lo primero", opinó mientras reía. Sabía que mi padre estaba malo y que no era ningún cuento.

Los primero días en la empresa volví a revivir muchos recuerdos, algunos buenos y otros no tanto. Mi lío con Susana. La frustración de ver cómo había terminado trabajando para mi padre e incluso las expectativas de boda con María. Las cuentas estaban bien. El chaval hacía lo que podía. Se notaba que tenía poca experiencia y que por supuesto el negocio no era suyo. Cuando lo es, te implicas mucho más porque sabes que las ganancias serán para ti y verás los resultados a final de mes. De todos modos era un asalariado más que hacía su trabajo como podía. Estuve varios días corrigiendo pequeños errores de cálculo y de previsión, sobre todo. A parte de eso detecté una pequeña fuga de capital que al principio pensé que era otro pequeño error. Sólo a las tres semanas de verificar, cuenta tras cuenta, comprendí de lo que se trataba. Era una serie de gastos derivados a telefonía móvil, hasta ahí era normal, lo que me hizo sospechar fue que las facturas eran altísimas y se pagaban directamente a las empresas, en vez de hacerlo desde la misma empresa o una cuenta de la misma. Le pregunté al chaval y me contó que le parecía más cómodo pagarlas en las mismas empresas. Lo que creí absurdo. Al final, después de ver en el móvil de mi padre y de otros compañeros el volumen de llamadas que habían efectuado. Teniendo en cuenta que todo el que tiene un móvil de empresa también lo usa para llamadas personales, hice un cálculo aproximado de los minutos y no me cuadraron las cuentas. Había una diferencia de unos 120 euros. Existe una práctica común que nosotros también llevábamos a cabo que era la de hacer facturas más altas del precio real para disimular los gastos de los compradores. Recuerdo incluso un cliente al que le hice una factura bastante mayor de lo que se había gastado porque quería un poco de dinero para salir con sus amigos y que su mujer no se enterase.

-Dime qué pasa. Las cuentas en telefonía me parecen erróneas. Yo tengo mis sospechas, pero todavía estás a tiempo, si es que has hecho algo de lo que te arrepientas, dímelo ahora.

-¿Qué insinúas?

Después de discutir un rato fui incapaz de sacarle la verdad al chaval. Estaba seguro de que había aumentado las facturas para sacarse un sobresueldo. El que le hubiese hecho el aumento se callaría, era imposible descubrir el fraude. Tuve una conversación con mi padre para sugerirle que debía contratar a otra persona. Menos mal que sólo tenía un contrato de seis meses y lo despedimos sin demasiados problemas. Yo mismo me encargué de llevar por unos días las cuentas, al tiempo que hacía entrevistas a los futuros candidatos. Sabía que ninguno sería de mi total confianza, pero la solución era que un gestor llevase las cuentas al margen. Después de una semana contraté a otro chico que parecía buena gente y con algo de experiencia.

Mi padre estaba muy dolido con el anterior chico porque no se había percatado del pequeño fraude. Y a pesar de tenerme por allí bastante, lo seguía viendo muy cansado.

-¿Por qué no vas a que te hagan un chequeo?

-¿Para qué? Es la edad. Los años pasan muy rápido

-Nunca está de más. Hoy mismo llamo a mamá para que te coja cita con el médico.

Mi madre creyó muy oportuna la idea. Lo que significaba que estaba más preocupada de lo que parecía. Ahora entendía el porqué de ayudarlo a llevar algunos muebles o su cambio de actitud con el tema de contratar a alguien para que llevase las cuentas.

Las semanas siguientes fueron muy ajetreadas. Adelina asistía a clases de pintura y tenía el estudio lleno de cuadros. Pintaba en la terraza con un caballete que le había regalado por sorpresa. Me tenía loco. Incluso me había utilizado de modelo. Estuve cerca de tres horas desnudo sin mover un músculo. Tras lo que me daba una vergüenza terrible pasar por su facultad por si alguien me reconocía. Ella se reía mucho y decía que era su muso. Parecía abstraída del problema con mi familia, para ella no era nada comparado con el suyo. Y como yo tampoco quería estar todo el día hablando de trabajo prefería hablar de otras cosas. Cada vez me contaba menos cosas del curro, igual que yo. Habíamos hecho una especie de pacto tácito en el que sólo nos dedicábamos a nosotros como personas. Algunas veces era inevitable contarnos cosas que nos habían sucedido, o los problemas que tenía en su empresa, debido a que se había metido en el comité de empresa. Ciertamente me sorprendía siempre con cosas que yo ni me planteaba.

Un día mi madre me llamó a casa muy preocupada para contarme que las pruebas que le habían hecho a mi padre habían salido regular. Tenía un pequeño problema de corazón y debía estar muy tranquilo para que no fuese a más. Es decir, tenía que dejar la empresa. Sólo me dijo eso y que si podía hacerme cargo de la empresa hasta que encontrase a alguien al que alquilársela o venderla. Era el fruto de años de trabajo. Se había dejado todo lo que tenía en ella. Pero después de todo lo que había pasado nunca me pediría que la llevase yo. Adelina estaba trabajando y fui a casa para hablar con mi padre.

-Mamá me ha contado lo de tu corazón.

Estaba realmente afectado por él. Estaba bien, pero su

vida era aquella empresa.

-De momento me encargaré de llevarla yo. Después de un tiempo, cuando estés mejor decidimos lo que hacemos.

Mi padre se abrazó a mí casi a punto de llorar porque sabía qué significaba para mí el volver a la empresa.

-Pero quiero un aumento de sueldo por ser el jefe, ¡eh!

-Lo que quieras hijo. No sabes lo feliz que me haces. Te juro que sólo será por un tiempo hasta que encontremos una solución. Ya sabes que hay varias familias que también comen gracias a la empresa.

-Lo sé.

-¿Y qué dirás en tu trabajo? ¿Después te volverán a coger?

-Papá, si en algo tenías razón es que se trataba de un trabajo de camarero. Si me dicen que me pierda o que ya tienen a otro, buscaré otro bar.

Adelina volvió a casa muy feliz porque le habían prometido un aumento de sueldo en su empresa. Cuando le conté lo que había pasado se quedó callada durante un rato.

-Haz lo que tengas que hacer. Es tu vida y tu familia. La decisión es tuya. A mi me parecerá bien lo que decidas. De todos modos no querías trabajar de camarero toda tu vida. Así podré decirles a mis amigas que mi novio es empresario. A la mañana siguiente fui al bar y hablé con Calderón y el dueño. Les expliqué que lo sentía mucho, pero que tenía que irme. Me dio mucha pena porque dejaba algo más que un trabajo. Había hecho muy buenos amigos allí. Al marcharme todos confirmaron que volviese cuando pudiese y que esperaban que mi padre se mejorase.

Esa noche no pude dormir. Mañana volvería a la empresa de pinturas para hacerme cargo de todo. Con la cantidad de veces que pensé en dirigirla yo para cambiar ciertas cosas. Ahora pondría en práctica algunas de las innovaciones que tenía en mente.

-Duérmete ya. Mañana llegarás tarde a tu primer día de trabajo. Que sepas que si el jefe llega tarde los empleados toman ejemplo rápido.

-De eso nada. El jefe siempre puede llegar tarde. Aunque yo no soy así. Si no consigo levantarme tírame un cubo de agua fría.

Estuvimos toda la noche haciendo el amor. Adelina sabía que estaba nervioso y supo hacer que cayese dormido como un tronco. Llegué el primero al trabajo. Todos sabían lo que pasaba y asumieron con naturalidad que a partir de ahora, de forma temporal, sería yo el que llevase la empresa. No me costó trabajo recordar ciertas normas fundamentales, los nombres de los proveedores, etc.

Mi sombra se la lleva el viento

Tengo un folio en blanco frente a mí. Ya hace seis meses que conozco a Adelina. Un día escuché que todas las parejas tienen crisis. La primera llega a los tres meses, la segunda a los seis y luego a los dos años, la última llega a los cinco. El caso es que si consigues superarlas, la relación es para siempre. Esas cosas me parecen absurdas, pero en el fondo siempre anidan absurdos pensamientos en mi interior. Los que me han hecho que esté ante este folio en blanco para decirle a Adelina lo que la quiero y que la vida es despiadada con los cobardes, con los que apuestan por la mentira y el miedo al enfrentarse a su futuro.

Hola Adelina.

Mi amor. Hace seis meses que estamos juntos. Me confieso enamorado de ti. Sé que no podría vivir sin ti. Ahora eres lo más bello de la metrópoli. Cuando ya no sabía que me retenía aquí apareciste tú, mi destino te estaba esperando. Creo que siempre lo hizo. Es la explicación que más retumba en mi cabeza cuando miro mi mapa del mundo y me doy cuenta de que ya estoy viajando sin salir de la ciudad. Quizás ya no necesite viajar, he encontrado todo lo que buscaba. Las estrellas ya no tienen deseos que cumplirme, estás junto a mí.

Te revelo que no podría estar sin ti. Has cambiado mi interior, aquel al que llamaban Fran ya no tiene sombra, te sigue a todas partes. Me cuesta escribir, la artista eres tú. Esta carta es una declaración de amor, hace tiempo que te digo que te quiero, pero es tan fuerte lo que significa en mi interior que creo que es insuficiente. Ni con todas las palabras del mundo te podría explicar como derrites mis cimientos.

No soy un poeta. Aunque a tu lado llegaría a ser astronauta. Termino con un par de versos. Por si acaso también te he dejado un pequeño regalo en tu cajón de la mesita de noche.

Amo tu esencia,

soy incapaz de soñar

con otro puerto del que partir.

Noche tras noche

inicio mi viaje

por el mundo, tengo suerte,

tu cuerpo es la única geografía

que deseo descubrir.

Te amo Adelina,

Fran

El regalo le gustó mucho, una caja de pinturas La carta más, sabía que la creatividad no es mi fuerte y había hecho un gran esfuerzo. Con lo que no contaba fue con lo que me vino a decir cuando llegué a la casa por la noche.

-Me alegro de que me ames. Tengo que contarte algo muy importante. Es algo que debemos asumir los dos. Tal vez lo veas como un problema. Yo creo que es algo muy bonito. Ya sé que soy muy joven, pero me hace mucha ilusión. Estoy embarazada.

-¿Qué? Si tomas la píldora.

-¿Te acuerdas de que se me perdió el paquete y tuve que comprar otro? Tuve que calcular mal.

-Es que... Qué bien, pero es que eres muy joven y es una responsabilidad muy grande. Un niño te cambia la vida.

-No te preocupes. Podemos seguir con nuestros planes y marcharnos en un tiempo. Ya sabes que soy contraria al aborto. Para mi es un asesinato. Esto no entraba dentro de nuestros planes, pero qué feliz estoy.

-Pues nada, si quieres tenerlo adelante.

-Sólo hay otra cosa. Me gustaría que nos casásemos. Tener un hijo en pecado no estaría bien.

-De acuerdo.

De repente me vi envuelto en algo en lo que era incapaz de reflexionar. Lo cierto es que a pesar de que la quería, también me daba cuenta de que era una niña y que no podía dejarla sola en aquella situación. Iba a tenerlo, conmigo o sin mí. Y yo tenía que asumir mi parte de responsabilidad. Menos mal que la quería y estaba locamente enamorado de ella. Lo que para seis meses de relación, me seguía pareciendo que íbamos un poco rápido.

Un hijo era demasiado para mí. Ahora tendríamos que calcular el dinero para una tercera persona. Siempre quise ser padre, tan pronto era un poco precipitado, pero la vida se había presentado así. Adelina no dejaba de sonreír, le cambió el humor. Sus cuadros y dibujos tenían muchos colores. Parecíamos un matrimonio antes de habernos casado. Quería salir a cenar como cualquier pareja. Yo seguía yendo cada día a la empresa y supongo que también estaba feliz. Aunque tenía más preocupaciones. Por momentos la empresa se hacía pesada porque había muchas cosas que hacer. Mi padre seguía buscando compradores o gente para alquilarla. Ya no dormía bien. El dinero sería fundamental y hacía cábalas sobre lo que haría tras dejar la empresa para dar de comer a nuestro hijo y a ella el tiempo que no pudiese trabajar.

Casi todo eran conversaciones sobre el niño. Que si

sería niño o niña. El nombre que le pondríamos. Que no hubiese complicaciones y un sin fin de cosas que nunca me había planteado. Cada vez que se lo ocurría algo me llamaba al móvil. A mi me hacía gracia porque en realidad estaba histérica. Yo también, pero intentaba disimular.

Mis padres se enteraron al poco tiempo. Les contamos que íbamos a casarnos y que estábamos buscando una iglesia. La primera reacción fue dura. Yo temía que mi padre se sobresaltase demasiado. Me desconcertó su reacción tras varios segundos de incertidumbre. Empezó a darnos abrazos y mi madre tuvo que calmarlo. "Voy a ser abuelo, por fin", gritaba como un poseso. Los alaridos alertaron al resto de mi familia que bajó hasta la casa de mis padres al instante. Organizaron una fiesta improvisada y trataron a Adelina como a su propia hija. No paraban de darle consejos y de decirle que contase con ellos para cualquier cosa. Mi madre se tomó la libertad de erigirse en la que buscase la iglesia y organizar todos lo preparativos y el convite. Me alivió, porque con la empresa no tenía demasiado tiempo para todas esas cosas. Mi abuela soltó dos grandes lagrimones que enternecieron a Adelina que también comenzó a llorar. Entre el champaña y las copas nos dieron las tantas. El barrio entero se tuvo que enterar por la escandalera que armamos.

Calderón y Juan Carlos no fueron tan entusiastas ante la idea.

-Al final te han pillado.

-Anda ya.

-Haz lo que quieras, ¿pero estás seguro de que quieres echarte esa responsabilidad encima? La chica es muy buena y lo ha hecho muy bien. Preñada. Joder, ¿no tomabais precauciones? ¿Cuántos años tiene ella? Creo que deberías meditarlo un poco más. Todavía podría abortar. Tío, que te vas a cambiar la vida por completo. Ya tengo unos cuantos amigos que son padres de familia y te cambia todo.

-Imposible. Es contraria al aborto, o lo tenemos juntos o sola. La quiero, aunque tampoco tengo otra opción. Lo que me preocupa es cómo vamos a mantenernos.

-Ya saldréis adelante. Ya sabes que si necesitas curro tienes las puertas abiertas, por el dueño no te preocupes, ya verás cuando se lo cuente. Él está que no caga con su hija.

Fueron bastante correctos. Sabía a lo que se referían. La sombra de haberme pillado planeaba tras cada una de sus palabras. Quizás yo también lo pensase, pero no había vuelta atrás.

La llamada

Cada día que pasaba era una cuenta atrás hasta el día del nacimiento de nuestro hijo. Citas con el ginecólogo, con un cura para celebrar la boda antes del nacimiento... Ya teníamos el día del enlace. Sus padres, increíblemente, vendrían. Dentro de lo malo, por lo menos su hija se iba a casar por la iglesia. Mis padres estaban tan asombrados que no se atrevían a decirme nada.

Pocos días antes de navidad mi padre me llamó por teléfono a la empresa para que fuese a su casa a hablar. Estuve todo el día intrigado. Tenía un tono serio y decidido. Esperaba que su salud estuviese bien ahora que no tenía tantas preocupaciones. La empresa iba muy bien y las ganancias habían aumentado gracias a varias ventas al por mayor a un par de empresas que se dedicaban a reparar barcos. Aquel día recogí todos los papeles que tenía sobre la mesa con meticulosidad. Una extraña sensación recorrió todo mi cuerpo de arriba a bajo.

Cuando llegué mi madre parecía bastante alegre. Mi padre me miró con cara de alivio. "Tenemos una oferta", expresó con serenidad.

-¿De quién?

-Es una empresa muy potente. Una multinacional que quiere quedarse con nuestra clientela. Quieren comprar la empresa. Yo, por supuesto, les he dicho que tendrían que quedarse con los trabajadores que tenemos. No podría hacerles esa faena. La operación se llevaría a cabo en un mes, aproximadamente.

Todo aquello del embarazo, el dinero, su empresa y el irnos, estallaba en mi cabeza.

-Papá. No puede ser. Estoy a punto de casarme y tener un hijo.

Adelina no es consciente de todo lo que supone eso. Necesito quedarme al frente de la empresa y contar con un sueldo en condiciones. Siempre y cuando tú estés de acuerdo.

-No sabes lo feliz que me hace escuchar eso. Sabes que yo tengo que dejarlo todo. Sería tu negocio. Tu madre y yo ya tenemos para vivir lo que nos queda.

-De eso nada. La empresa es tuya y los beneficios serían para ti. Si alguna vez me hace falta más dinero ya te lo diría.

Tras la conversación me fui. En vez de bajar he irme sentí la necesidad de subir a la azotea y a mi antiguo cuartucho. Me detuve un buen rato a mirar las estrellas recordando todas las noches que había pasado en aquella azotea cazando estrellas fugaces para pedir deseos. Sobre todo para que me alejasen de aquella vida que no me hacía feliz. Entré en mi cuarto y me senté en mi antiguo sofá de tigre. Miré hacia donde tenía situado el mapa del mundo con el que siempre había soñado viajes alucinantes. Entonces intuí que no me había alejado un ápice de la vida que tenía antes. Otra vez estaba a punto de casarme, sin contar lo del niño, me había comprado una casa con mi novia y seguiría por el resto de mis días en la empresa de pinturas de mi padre. Ya no viajaría a Nueva York a jugar en la bolsa, los mares de todo el mundo no sustentarían mi mirada, ni tan siquiera descubriría lo que era vivir en otra ciudad durante un tiempo. Había sido una entelequia, un viaje de ida y vuelta. Lo que no sabía era exactamente cuándo empecé a volver al punto de partida. Era un nómada sin camino ni viaje. Los lugares que visité y visitaría siempre estarían en mi cabeza.

Tal vez el destino quería que permaneciese en aquella ciudad. Nunca descubriría como habría sido otra vida porque nunca me alejé tanto de la que ya tenía. Debiera haberme comprado un billete de avión y volar muy lejos. Aunque seguramente mi destino me habría llevado otra vez hasta mi ciudad. Quizás hubiese aplazado el camino que me llevase hasta este punto. Salí de allí y miré al cielo. ¿Habría errado un deseo? Volví a ver una estrella fugaz y le pregunté si ésa era mi suerte, si la felicidad por la que clamaba residía aquí. A lo mejor el universo había interpretado mal que donde debía estar y ser feliz era en aquella ciudad.

www.ingramcontent.com/pod-product-compliance
Lightning Source LLC
Chambersburg PA
CBHW060737050426
42449CB00008B/1254